우리 역사 속
못 말리는 여자들

· 조선편 ·

글_ 임해리

서울 북촌에서 태어났으며, 동국대학교 역사교육과와 동국대학교 대학원 사학과를 마친 뒤 중앙대학교 문화예술대학원에서 문화예술학을 공부했습니다. 지금까지 한국 역사를 파고든 것은 어린 시절부터 유별났던 호기심 때문이라고 말하는 저자는 그 호기심만큼이나 역사 속 여성들의 삶을 새롭게 밝혀내는 데 몰두하고 있습니다. 시대의 편견을 뛰어넘은 조선 시대 여성들의 삶을 다룬 《누가 나를 조선 여인이라 부르는가》를 펴낸 것을 비롯해 역사 관련 강의와 칼럼을 쓰고 있으며, 조선 시대 여성을 주제로 한 시나리오를 준비 중이기도 합니다. 역사 관련 책 외에도 《삶은 아름다워라-서양화가 장두건의 삶과 예술》, 《혼자 잘 살면 결혼해도 잘산다》 등을 썼으며, 시나리오 창작 집단 '작가시대'의 동인으로 활동하고 있습니다. kesung59@hanmail.net

그림_ 최재호

건국대학교 산업디자인학과를 졸업했습니다. 전남대학교 웹진 캐릭터 공모전에서 대상, 사이버 캐릭터 공모전과 ASEM 캐릭터 공모전에서 수상했으며, 현재는 모바일 디자인 관련 회사에서 일하고 있습니다.

글_임해리 | 그림_최재호 | 처음 찍은날 2008년 7월 15일 | 처음 펴낸날 2008년 7월 20일 | 펴낸곳 이론과실천 | 펴낸이 김인미 | 등록 제10-1291호 | 주소 121-856 서울시 마포구 신수동 448-6 출판협동조합 내 | 전화 02 714-9800 | 팩시밀리 02 702-6655

ISBN 978-89-313-8052-1 74910
　　　978-89-313-8051-4 (세트)

＊이 책에 사용한 사진들 중 저작권자의 허락을 받지 못한 사진은 추후라도 저작권법에 따라 책임과 의무를 다하겠습니다.

＊값 9,800원
＊잘못된 책은 바꾸어 드립니다.

절망 속에서 희망을 건져 올린 조선 시대의 여성들

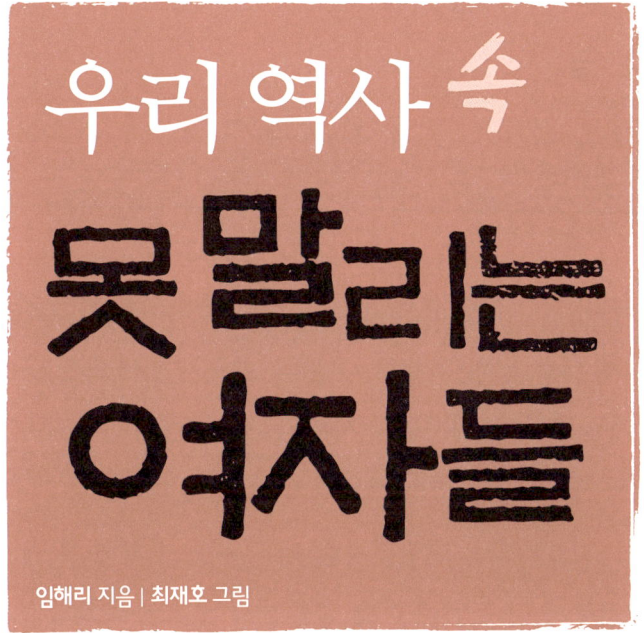

우리 역사 속 못 말리는 여자들

임해리 지음 | 최재호 그림

/조선 편

들어가는 글

　우리는 아직도 조선 시대의 훌륭한 인물을 손꼽으라 하면 세종대왕이나 이순신, 이황 등을 먼저 떠올려. 그리고 교과서에 나오는 수많은 인물들도 거의 남자들뿐이야. 여자는 신사임당, 유관순, 황진이, 논개, 허난설헌, 명성황후 등 열 명도 안 되는 이름만 알고 있지 않니?

　600년이 넘는 조선 역사 속에 훌륭한 일을 하고 멋지게 산 여자가 고작 그 정도밖에 없는 걸까? 임진왜란 때 행주산성 전투는 여자들이 행주치마에 돌을 날랐다는 데에서 붙여졌다면서 왜 권율 장군 이름만 남은 걸까? 그것은 남자를 존중하고 여자를 천하게 여긴 남녀 차별에서 나온 게 아닐까? 역사는 기록을 남겨야 알려지는데 기록하는 사람들이 모두 남자였다는 점도 그래.

　이 책은 조선 시대 못 말리는 여자들의 이야기를 담았어. 하지만 열다섯 명의 여자들 중에서 자기 이름을 가진 사람은 정조 시대 이후에 태어난 강완숙, 진채선, 김만덕뿐이야. 왕비조차도 이름을 알 수가 없고, 아무리 학식이 높아도 이름을 기록하지 않았어. 이 책에 소개된 사임당, 사주당, 윤지당은 이름이 아니냐고? 이들은 학식이 높은 것을 인정하여 이름 대신 호로 부른 거란다.

신사임당이 살던 시대는 남녀 차별이 덜하고, 남자는 어려서 외가에서 자라고 커서는 처가에서 사는 경우가 많았대. 그리고 결혼한 딸도 친정 재산을 상속받고 제사를 지내기도 했어.

한편 어린 나이에 왕이 되는 경우는 대비가 대신 정치를 할 수 있도록 하는 제도가 있었단다. 그래서 세조의 부인이었던 정희왕후는 조선 역사상 최초로 수렴청정을 했어. 정희왕후는 수양대군이었던 남편을 왕으로 세우는 데 큰 공을 세운 여걸이었고 왕권을 지킨 주역이기도 했어.

문정왕후는 중종이 죽은 뒤 인종과 명종을 대신하여 20년 동안 권력을 쥐었던 인물이야. 그만큼 상황 판단 능력이 뛰어나고 정치력이 대단했지. 조선 시대에 왕권이 약하면 새로 왕을 세우는 일도 종종 있었던 사실과 비교해 보면 충분히 짐작할 수 있을 거야.

만약 신사임당이 율곡 이이의 어머니가 아니었다면 그녀에 대한 기록이 얼마나 남아 있었을까? 남편에게 사위의 도리를 요구한 송덕봉도 남편 유희춘이 문집에 글을 남겨 놓았기 때문에 알 수 있게 된 거야. 조선의 가장 훌륭한 여성 시인 중 한 명으로 꼽히는 허난설헌도 동생 허균이 문집을 내주었단다. 황진이도 여러 문인들이 그 시를 옮겨 놓고 기록을 남겼던 거야.

인조의 며느리이자 소현세자의 부인인 민회빈 강씨는 9년 동안 청나라에서 인질 생활을 했어. 그러나 땅을 개간하고 중개 무역으로 돈을 벌어 노예로 팔려 간 조선 백성들을 구하고 새로운 세상을 꿈꾸며 살았던 여장부였어.

1592년의 임진왜란과 1636년의 병자호란, 두 차례의 전쟁을 겪으며 조선 사회는 변화가 심했어. 백성들은 양반들의 무능과 부패에 반감을 갖게 되었고, 한편에서는 전쟁중에 공을 세운 노비가 양인으로 신분이 바뀌고 돈만 있으면 호적도 양반으로 고칠 수 있었어.

조정에서는 몇몇 이름난 집안이 관직을 독점하자 지방의 양반들은 벼슬길이 막혀 경제적으로 어려워졌어. 그래서 저마다 집안을 키우기 위해 여자들에게 더 많은 희생을 요구했단다. 남녀 차별이 심해지고, 여자는 족보에 이름이 오르지도 않고, 재산권도 없어지면서 남자 쪽 집안, 즉 시집을 중심으로 생활하게 되었단다. 그래서 여자는 글공부를 시키지 않고 한글로 된 교훈서를 읽게 했어. 그 내용은 대부분 남녀 차별을 강요하는 것들이었단다.

영조 시대 이후에는 남편이 죽으면 아내도 따라 죽어야 열녀라고 했대. 열녀에게는 나라에서 상을 주고 여러 가지 혜택도 주었어. 그러나 학문을 좋아하는 집안에서는 여자들에게도 한문을 가르치고 경전과 역사책을 읽게 했어. 그래서 학문하는 여자들은 문집도 내고 집안 사람들에게 존경도 받았단다.

비록 여자이지만 성인의 길을 가는 데 남녀 구별이 있느냐며 항변한 임윤지당, 인재를 키우는 바탕은 태교에 있으며 아버지의 역할도 중요하다고 한 사주당 이씨는 여자 중의 군자라는 말을 들었어.

순조 때 천주교 박해 사건으로 순교한 강완숙은 천주교의 전파를 위해 목숨을 바친 여자야. 강완숙은 자신이 꿈꾸던 자유와 평등이 천주교에 있다고 깨달았기 때문에 죽는 순간까지 당당하게 천주를 믿은 것을 후회하지 않았대.

열네 살에 남장을 하고 금강산과 충청도, 강원도, 경상도 지방을 거쳐 한양까지 다녀온 김금원은 학식으로도 이름이 높았어. 그녀는 최초로 여성 시인들의 모임을 만들어 당대의 문장가들과 어깨를 겨룰 정도였단다.

그런데 조선 시대의 인물들 중 학식이 높았던 여자들의 공통된 꿈이 무엇이었는지 생각해 본 적 있니? 신사임당도 마찬가지였지만, 그녀들의 꿈은 지혜롭고 현명한 어머니나 좋은 아내 노릇이 아니었어. 경전과 역사책을 읽으며 자신들이 여자라는 사실에 절망하고 한탄했어. 아무리 공부를 많이 해도 자신의 뜻을 펼칠 수 없다는 사실을 한스럽게 여긴 여자도 있었고, 절망감을 예술로 표현하거나 글로 남녀를 차별하는 세상을 비판하기도 했어.

정조 시대에는 여자들 중에 장사로 돈을 많이 모은 부자들이 생겼대. 그중에서도 제주도의 김만덕은 흉년에 자신의 모든 재산을 바쳐 천 명을 살렸단다. 사대부 남자들이 개인의 욕심과 이익에만 정신이 팔려 있는 시절이었으니 더없이 큰일을 한 거야. 그래서 당시 임금인 정조는 그녀를 높이 칭찬하고 각별히 대우했다는구나.

또한 이 무렵 서민들과 중인들의 문화가 꽃을 피웠어. 상업이 발달하자 전국 곳곳에 장터가 생기고 사람들이 많이 모여들었지. 그러다 보니 자연스럽게 판소리도 즐겼어. 당시 판소리 명창들 중에서도 전라북도 고창의 기생 진채선은 조선 최초의 여성 명창으로, 남성이 독점하던 판소리를 여성에게도 길을 터 준 선구자였단다.

하지만 아쉽게도 조선은 고종 때에 들어와 나라 안팎의 문제에 시달리고 결국 일본에 의해 무너지고 말아. 일본인들의 칼에 쓰러진 비운의 국모인 명성황후의 삶을 들여다보면서 나라의 힘이 얼마나 중요한지 절실히 깨닫게 된단다.

조선의 못 말리는 여자들을 좀더 많이 알리고 싶었지만 기록이 거의 없어 다양한 직업이나 평범하지 않은 삶을 가진 인물을 찾기가 어려웠단다.

그런데 이 글을 쓰면서 중요한 사실은 깨달았어. 이 시대의 남자들 가운데에도 여자를 바라보는 시각이 조선 시대와 크게 다르지 않다는 것을 알게 된 거야. 한 예로 40년 전이나 지금이나 교과서에서 다루는 여자의 숫자와 인물이 거의 변함없다는 사실을 어떻게 받아들여야 할까?

　이제, 조선 시대로 가서 열다섯 명의 삶을 만나 보자. 그들의 삶을 통해 오늘날 이 땅을 사는 여성들에게 무엇이 가장 절실한지, 어떻게 살아야 하는지 살펴보지 않겠니? 그리고 우리가 인간이라는 소중한 존재로서 무엇을 꿈꾸고 가꾸어야 하는지 생각해 보지 않겠니?

차례

들어가는 글 · · · 4

조선 최초로 왕을 대신한 여걸 정희왕후 · · · 13

불교를 다시 세우는 데 앞장선 문정왕후 · · · 29

그림에 자신의 꿈을 담은 예술가 신사임당 · · · 43

남편에게 사위 된 도리를 요구한 송덕봉 · · · 59

밝은 달처럼 살고자 한 기생 황진이 · · · 73

여자 신선이라 불린 천재 시인 허난설헌 · · · 85

조선의 부흥을 꿈꾼 비운의 세자빈 민회빈 강씨 · · · 97

자유로운 세상을 바란 여자 선비 김호연재 · · · 113

성인이 되고자 한 여성 성리학자 임윤지당 ••• 125

천 명의 목숨을 살린 제주 상인 김만덕 ••• 137

아들의 벼슬길을 막아선 까닭 사주당 이씨 ••• 149

조선 천주교 최초의 여회장 강완숙 ••• 161

열네 살에 남장을 하고 금강산에 간 김금원 ••• 173

조선 최초로 여성 명창에 오르다 진채선 ••• 187

일본의 칼에 쓰러진 비운의 국모 명성황후 ••• 199

조선 최초로 왕을 대신한 여걸
정희왕후 (1418~1483)

정희왕후는 서른여덟 살에 조선의 왕비가 되었어. 그녀의 남편은 수양대군으로 제7대 임금인 세조란다. 그녀는 결혼도 자신이 적극 나섰고, 타고난 총명함과 지혜로 아들과 손자를 왕위에 올렸어. 아들인 예종이 일찍 죽었을 때는 대신 나랏일을 돌보며 왕위 계승권이 없던 자산대군을 왕위에 올리기도 했어. 그리고 어린 손자를 대신해 7년 동안 나라를 다스렸어. 그럼 조선 최초로 수렴청정을 한 그녀를 만나 볼까?

언니의 혼사에 끼어드는 당돌한 아이

　1418년, 정희왕후는 윤번과 이씨 부인 사이에서 아홉째로 태어났어. 윤씨 집안은 고려 시대 때 여진족을 몰아내고 9성을 개척한 윤관 장군의 후손으로 존경받았지. 그래서 세종의 둘째아들인 수양대군의 신붓감을 윤씨 집안에서 고르려고 했어.

　어느 날 윤번의 집에 대궐에서 일하는 감찰 상궁이 찾아왔어. 이씨 부인은 큰딸을 데리고 나와 감찰 상궁에게 소개했지. 그런데 작은딸이 어머니의 등 뒤에 숨어 얼굴을 내밀며 구경하자 이씨 부인이 꾸짖었단다.

　"네 차례는 아직 멀었는데 어찌 감히 나왔느냐?"

　그러자 그런 작은딸을 본 감찰 상궁이 이씨 부인에게 이렇게 말했어.

　"저 아이의 기상이 비범하여 보통 사람과 비할 바가 아닙니다. 다시 보기를 청합니다."

감찰 상궁은 작은딸을 유심히 보며 감탄했어. 그리고 대궐에 돌아가 작은딸을 적극 추천했단다.

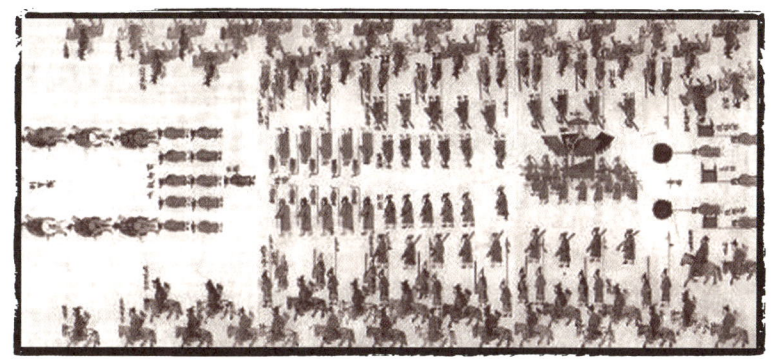

《가례도감의궤》 중 〈행렬도〉
《가례도감의궤》는 조선 시대 왕이나 왕세자 등의 혼례 의식 절차를 기록한 책이야.

작은딸은 어린 나이에도 성숙한 외모에 야무지면서도 당돌했단다. 그녀는 감찰 상궁이 온 것은 언니의 결혼 문제라고 짐작했지. 그리고 그 자리가 자기 운명을 바꿀 좋은 기회라고 생각한 거야. 그래서 자신이 나설 자리가 아닌 줄 알면서도 얼굴을 내보였던 거지.

마침내 작은딸은 자신보다 한 살 위인 수양대군과 결혼했어. 어쩌면 언니의 결혼 상대를 빼앗은 셈이고 훗날로 보면 왕비 자리를 차지한 것일 수도 있지.

작은딸은 자기 뜻대로 수양대군의 아내이자 세종의 둘째 며느리가 된 거란다. 당시에는 대군이 영의정보다 높았으니 열한 살에 정경부인보다 높은 지위에 오른 거야. 그러나 정희왕후의 꿈은 더 크고 높았어.

앞날을 준비하며 때를 기다리다

정희왕후는 한동안 궁궐에 머물며 시부모인 세종과 소헌왕후에게서 가르침을 받고 왕실의 법도를 배웠어. 왕실의 법도에 따라 대궐 밖에 살면서도 대궐에 자주 드나들었지. 무엇보다 세종과 소헌왕후가 그녀를 귀여워했단다.

세종의 큰아들이자 훗날 문종이 되는 세자는 학문을 지나치게 좋아했대. 반면에 여자에게는 관심이 없었다고 해. 이 때문에 세자빈 김씨와 첫째 양재 봉씨는 세자와 자주 싸웠고, 좋지 않은 소문이 나 대궐에서 쫓겨나고 말았대. 여기서 세자빈이란 세자의 부인을, 양재는 세자의 후궁을 말해.

그 뒤 세자의 둘째 양재 권씨가 아들을 낳았는데, 그 아이가 바로 비극의 주인공인 단종이야. 세자빈과 양재가 연달아 쫓겨난 일은 어린 정희왕후에게도

세종대왕

큰 충격이었어. 그래서 그녀는 모든 일에 말과 행동을 조심했지. 그 때문에 첫째 며느리 문제로 실망한 세종과 소헌왕후는 둘째 며느리인 정희왕후를 더 아끼고 사랑했단다.

그런데 수양대군은 열네 살에 기생집을 드나들고 집에 들어오지 않는 날도 많았대. 하지만 정희왕후는 그런 남편과 싸우거나 큰 소리를 내지 않았어. 물론 그녀가 성품이 넉넉했기 때문이기도 했지만 그런 일이 궁중에 알려지면 남편에게 좋지 않으리라는 생각이 앞섰기 때문이야.

그녀는 남편에게서 사랑을 받는 것보다 남편이 품은 야망에 관심이 더 많았단다. 그래서 남편의 바깥일을 존중하면서 공손하고 검소하며 부지런히 집안일을 처리했어.

세자의 부인들이 궁에서 쫓겨난 사건이 그녀에게 두려움과 교훈을 주었지. 그리고 남편인 수양대군이 품은 야망을 짐작하고 있었기 때문에 자신이 세종과 소헌왕후에게 신임을 받는 것이 수양대군의 앞날에 도움이 된다고 생각했어.

세종이 나라를 잘 다스려 오랫동안 평화롭더니 어느 순간부터 왕실에 불행한 일이 잇따라 생겼단다. 세종과 소헌왕후 부부가 낳은 아들 여덟 명 중 두 명이 스무 살도 안 된 나이에 연달아 죽은 거야. 소헌왕후는 상심해 병석에 눕고 말았어. 그러다 병이 악화되어 궐 밖에 살던 수양대군의 집으로 거처를 옮겼어.

그런데 소헌왕후의 병세가 점점 더 심각해지자 세종은 이름난 고승들을 모아 기도를 올리며 불교에 의지했어. 유교를 받드는 조선의 왕도 왕실의 불행 앞에서는 지푸라기라도 붙잡고 싶었을 거야. 그러나 세종과 왕족들이 간절히 기도했음에도 불구하고 소헌왕후는 수양대군의 집에서 눈을 감고 말았단다.

소헌왕후가 죽은 뒤 세종은 더욱 불교에 의지했어. 수양대군을 시켜 《석보상절》을 엮게 하고 자신도 《월인천강지곡》을 지었을 정도야. 《석보상절》은 부처의 일대기를 한글로 번역한 것이고, 《월인천강지곡》은 부처의 생애를 찬양하는 시를 노래 형식으로 지은 거야.

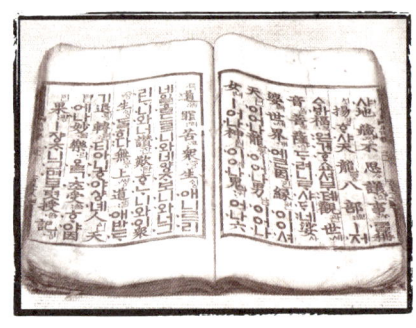

《월인천강지곡》과 《석보상절》을 합쳐 엮은 것으로, 세조 때 펴낸 《월인석보》

이 두 작품을 통해서 세종은 부인을 잃은 슬픔을 불교에 대한 믿음으로 달랬단다. 훗날 세조와 정희왕후를 비롯한 왕실의 부녀자들이 불교에 깊이 빠진 것도 그 영향을 받았기 때문이야.

흔들리는 왕권, 위기에 처한 남편을 돕다

소헌왕후가 죽은 뒤 상심한 세종 역시 건강이 나빠졌어. 그러자 오랫동안 태평성대를 누리던 조선 왕실에 먹구름이 끼기 시작했지. 특히 세종은 왕위 계승 문제로 근심이 깊었던 것 같아. 자신이 죽은 뒤에 큰아들인 세자가 왕위를 이어 받겠지만 세자가 병약하다는 점이 문제였어. 세자의 맏아들인 단종이 나이가 어린 데 반해 어른이 된 수양대군의 야심이 컸던 것도 세종에게는 근심거리였단다.

〈집현전 학사도〉

세종의 눈에 어린 손자 옆의 수양대군은 토끼 옆에 있는 호랑이처럼 불안하게 보였어. 그래서 자신이 가장 믿고 아끼는 집현전 학사인 박팽년의 딸을 수양대군의 첩으로 들이게 했단다. 이 혼사를 통해 박팽년이 무인 기질이 강한 수양대군을 지도해 주기를 바랐을 거야.

정희왕후는 마음이 편하지 않았지. 하지만 누구보다도 총명해서 현실을 재빨리 이해해 아무런 내색도 하지 않았단다. 오히려 집안의 안주인으로서 품위와 덕을 잃지 않으려고 애썼지. 그것이 남편을 옆에서 도와주는 길이라고 생각한 거야. 수양대군도 그런 정희왕후를 충분히 이해했단다. 그래서 훗날 세조로 즉위한 뒤에는 후궁을 한 명도 들이지 않았대.

세종은 왕위에 오른 지 32년 되던 해인 1450년에 세상을 뜨고 말았어. 이어 문종이 왕위에 올랐지. 그러나 문종이 워낙 병약해서 왕실과 관료들은 그가 오래 살지 못할 것이라고 추측했어.

그런 중에 정희왕후는 자신의 큰아들을 한확의 막내딸과 결혼시켰어. 이 막내딸이 훗날 인수대비로 성종의 어머니야. 한확의 딸을 며느리로 삼은 까닭은 명나라와 사돈이었던 한씨 집안을 자기편으로 끌어들여 세력을 키우려는 의도에서였지.

이처럼 수양대군이 왕위에 오르게 된 데에는 정희왕후의 절대적인 헌신과 앞날을 내다보는 통찰력, 여장부 기질이 뒷받침되었단다.

문종은 주위에서 예상한 대로 즉위한 지 2년 만에 눈을 감고 열두 살인 단종이 왕위에 올랐어. 자연히 왕의 권위는 이름뿐이었고, 실질적인 권력은 김종서와 황보인을 비롯한

세조

의정부 대신들이 잡았지. 의정부는 조선 시대 모든 관리들을 이끌고 정치를 총괄하는 최고 기관이야. 그만큼 권력도 아주 막강했어.

의정부 대신들 중에서도 특히 김종서는 지략이 뛰어나고 무인 기질이 강해 '호랑이'라고 불렸대. 세종 때 여진을 정벌하고 6진을 개척하여 국경선을 두만강 일대까지 넓힌 인물이기도 해. 그래서 세종이 매우 신임했어.

김종서를 비롯한 이들은 수양대군을 철저히 감시하고 억눌렀어. 수양대군은 점점 궁지에 몰리는 상황이었지. 그런 어느 날 기회가 찾아왔어. 단종이 즉위한 뒤 수양대군에게 중요한 변화가 일어난 거야.

권람과 한명회 등이 수양대군을 찾아와 참모가 되기를 원했어. 이들 중 당시 대궐을 지키는 말단 관리였던 한명회는 머리가 비상하고 상황 판단이 빠르며 정세를 분석하는 데 능했지. 그는 수양대군을 왕으로 만든 1등 공신이었어.

이들의 도움으로 수양대군은 무사들을 모아 군사력을 키웠으며, 김종서를 죽이고 어린 단종을 몰아낸 뒤 정권을 잡았단다. 이것이 1453년에 일어난 계유정난이야.

왕실의 비극이 이어지고, 불교에 의지하다

어린 단종이 즉위한 지 1년이 되던 해, 수양대군은 자신을 지지하는 세력을 키우고 때를 기다렸어.

《조선왕조실록》을 보면 이런 기록이 나와.

"계유년에 수양대군이 기회를 보아 난리를 평정했는데, 그때 부인이 계책을 함께 의논하고 대군을 도와 대사를 이루었다."

정희왕후는 직접 수양대군에게 갑옷을 입혀 주었어. 만약에 일이 잘못되면 자신도 역적이 되어 집안이 쑥대밭이 될지도 모르는 상황이었는데도 말이야. 그러나 그녀는 마음을 가라앉히고 모든 것을 하늘에 맡기기로 했어.

정희왕후는 왜 수양대군의 거사를 말리지 않았을까? 그리고 수양대군은 왜 조카인 단종을 죽이면서까지 왕위를 탐냈을까?《조선왕조실록》중 한 권인《단종실록》에는 그 이유를 짐작할 수 있는 대목이 적혀 있어. 한명회가 권람에게 한 말이야.

단종의 능인 장릉

"지금 임금이 어리고 나라는 뒤숭숭한데 대신이 권력을 마음대로 휘둘러 함부로 관직을 주는 일이 많다. 게다가 요직을 나누어 차지하고 제멋대로 하니 나랏일이 거의 날마다 잘못되어 간다. 또 듣건대 안평대군이 대신들과 굳게 결탁하여 널리 명성을 떨치고, 여러 소인배를 불러 모아 흉측한 음모를 꾸민다. …… 그러니 아는 사람들은 이를 한심하게 여긴다. 수양대군은 영명, 강단, 정직하며 개인의 욕심이 없을 뿐 아니라 세종께서도 크게 의지하셨다."

마지막으로 정희왕후의 얼굴을 보고 집을 나선 수양대군은 일행을 이끌고 가서 김종서를 살해하고 단종을 위협해 조정의 높은 관리들을 한 곳에 불러 모았어. 그리고 평소에 수양대군을 반대하던 이들을 모두 죽이거나 옥에 가두었단다.

그 일이 있고 2년 뒤인 1455년, 마침내 수양대군은 경복궁에서 왕위에

조선 시대에 국가 의식을 거행하고 외국 사신을 맞이하던 근정전

오르고 정희왕후는 왕비가 되었어. 정희왕후가 오랜 세월 품었던 꿈이 이루어진 거지.

그러나 세조와 정희왕후에게 불행이 잇따라 찾아왔어. 큰아들인 의경세자와 둘째 며느리, 손자까지 줄줄이 죽은 거야.

세조와 정희왕후는 1453년 계유정난 때 죽은 사람들과 사육신의 혼령이 자신을 저주할지도 모른다는 두려움에 떨었어. 사육신이란 단종을 지키려다 죽은 여섯 명의 충신을 말해. 그처럼 올곧은 신하들을 죽인 것도 그렇지만 무엇보다 조카인 단종을 죽였다는 죄책감이 컸을 거야.

그래서 세조와 정희왕후는 불교에 의지했지. 세조 시대에 불교 경전을 많이 펴내고 전국에 있는 큰 절을 후원한 것도 그 까닭이었대.

세조와 정희왕후를 미륵불로 조각한
용미리 석불입상

정치력으로 손자를 왕에 올리다

세조가 쉰두 살에 세상을 뜨자 예종이 왕위에 올랐으나 1년이 지난 스무 살에 죽고 말았어.

조선의 국법에 따르면 예종의 맏아들이 왕이 되어야 했지. 그런데 정희왕후는 손자인 제안대군이 네 살로 나이가 너무 어리다는 이유로 반대했어. 그리고 의경세자의 열네 살 된 아들이자 정희왕후에게는 손자인 자산대군에게 왕위를 물려주었단다. 그가 바로 성종이야. 원래 성종에게는 월산대군이라는 형이 있었는데 그는 병약하여 왕이 될 수 없었대.

창경궁의 정전인 명정전
창경궁은 성종이 정희왕후, 예종의 비 인순왕후, 덕종의 비 소혜왕후를 모시기 위해 지었어.

정희왕후가 이렇게 결정한 데에는 한명회와 정치적인 이해관계가 얽혀 있었을 거야. 조선은 왕이 일찍 죽으면 누가 다음 왕이 될지를 놓고 다툴 수밖에 없었어. 누가 왕위에 오르느냐에 따라 그 집안이 영광을 얻거나 몰락했거든. 정희왕후는 결국 한명회와 손을 잡고 왕실의 안정을 선택했단다.

정희왕후는 왕의 할머니인 대왕대비로서 7년 동안 성종을 대신하여 나랏일을 처리했어. 그 뒤 성종이 스무 살이 되자 국법에 따라 정치 일선에서 조용히 물러났어. 성종이 학문을 좋아하고 군왕다운 자질이 충분하다고 안심한 거야.

성종 시대에 조선의 문물제도와 국가의 통치 체계가 완성된 것은 세조가 자신의 정적들을 없애면서 왕권을 확립했기에 가능했단다. 아울러 평생을 남편인 수양대군의 야망과 왕실의 안정을 위해 몸 바친 정희왕후의 역량이 뒷받침되었기에 성종의 업적이 빛난 거란다.

1483년, 정희왕후는 예순여섯 살을 끝으로 영화로운 일생을 마쳤어.

현재 경기도 남양주에 있는 광릉은 세조와 정희왕후 두 분의 능을 모신 곳이야.

불교를 다시 세우는 데 앞장선
문정왕후 (1501~1565)

문정왕후는 열일곱 살에 중종의 왕비가 되었어. 인종의 의붓어머니이자 명종의 친어머니이기도 해. 조선 역사상 그녀만큼 정치력을 발휘한 여성도 없었어. 과단성과 추진력을 지녔고 학식도 뛰어난 그녀는 아들이 왕에 오르자 수렴청정을 하겠다고 나섰어. 불교를 보호해서 불교문화의 전성기를 맞기도 했어. 당시 서산대사를 비롯해 많은 승려들을 배출했는데, 훗날 임진왜란 때 그들이 나라를 구하는 데 앞장섰단다.

권력 다툼 속에서 왕비 자리를 지키다

 문정왕후는 열일곱 살에 중종의 세 번째 왕비가 되었어. 중종의 첫 번째 왕비는 연산군 부인의 조카였단다. 그래서 연산군을 내쫓은 신하들이 갓 왕비에 오른 그녀도 쫓아낸 거야. 두 번째 왕비는 인종을 낳은 뒤에 죽었어.

 그녀가 대궐에 들어갔을 때 중종에게는 이미 후궁이 많았고, 그들은 저마다 왕비 자리를 탐내고 있었어. 그러니 그녀는 바늘방석에 앉아 있는 기분이었지.

 《조선왕조실록》에는 문정왕후를 이렇게 기록했어.

 "열한 살에 어머니를 여의고 어린 동생들을 보살피며 자랐는데, 어려서부터 몸가짐이 바르고, 조용하며, 단아함이 한결같고, 효를 공경하며,

따뜻하게 베풀었다. 매우 총명하고 검소하여 사치를 좋아하지 않았고, 예의범절을 잘 지켰다."

한 나라의 어머니로서 자질이 충분했던 거야.

우표로 본 조선 왕비의 의복
조선 시대 왕비의 의복은 크게 종묘를 참배하거나 외국 사신을 맞을 때 입는 적의, 국가와 왕실의 경사 때 입는 원삼, 평상시에 입는 당의(왼쪽부터)로 나뉘어.

그런데 문정왕후가 왕비가 되었을 당시 조정은 훈구파와 사림파 사이에 권력 다툼이 한창이었어. 훈구파는 당시 정치권력을 쥔 세력이고, 사림파는 지방을 중심으로 성장한 신진 세력이야.

연산군을 내쫓고 중종을 왕으로 세운 신하들인 훈구파는 중종의 권위마저 누르려고 했어. 그래서 중종은 그들을 견제하기 위해 조광조를 비롯한 젊은 선비들을 등용했지. 그런데 왕의 신임을 얻은 사림파가 급진적인 개혁 정치를 펼치면서 훈구파와 심하게 대립했대. 그러던 중 훈구파는 계략을 써서 사림파를 몰아냈어. 이 일로 많은 관리와 선비들이 목숨을 잃고 말았단다.

　문정왕후는 이런 냉혹한 정치 현실을 직접 보았어. 그래서 권력을 얻는 것만이 자신이 살길이고, 그러기 위해서는 왕자를 낳아야 한다고 절실히 깨달았단다. 그녀가 불교에 의지한 것도 그런 이유였다는구나.

중종 때 개혁 정치를 펼쳤던 조광조

　문정왕후는 중종과 결혼한 지 17년 만에 드디어 왕자를 낳았어. 그가 경원대군으로, 훗날 명종이란다. 그런데 당시 세자는 이미 스무 살의 성년이었어. 이 세자가 훗날 인종이 돼.

　경원대군이 태어나면서 조정은 둘로 나뉘었어. 한쪽은 세자의 외삼촌인 윤임과 김안로를 따랐는데, 세자를 왕으로 올리고 싶어했지. 다른 한쪽은 문정왕후의 아들인 경원대군을 세자로 세우려고 했어. 그들은 문정왕후의 동생이자 경원대군의 외삼촌인 윤원형을 중심으로 뭉쳤지. 김안로 등이 세자를 보호해야 한다고 주장하자 그녀는 이에 맞서 그들이 자신을 내쫓으려 한다며 중종에게 눈물로 호소했어. 이 일은 문정왕후 쪽이 이겨 김안로는 사약을 받고 죽었단다.

　문정왕후는 이처럼 위기가 닥쳤을 때 재빨리 대책을 세울 줄 알았어. 그럴 수 있었던 까닭은 그녀가 학식이 있었기 때문이야. 조선에서 왕족의 부녀자들은 대부분 '언문'이라 불리던 한글을 배우는 정도인 데 비해 그녀는 한문을 배웠고, 특히 역사나 정치 관련 책을 많이 읽었거든.

윤임과 윤원형은 같은 파평 윤씨 집안이었지만 누구를 왕위에 올릴지를 두고 심하게 다투었대. 그러던 중 정치적인 불안 속에서 중종은 세자인 인종에게 왕위를 물려주고 세상을 떠났어.

문정왕후는 자신과 경원대군의 목숨이 위태롭다고 느꼈어. 그러면서도 자신이 인종의 의붓어머니라는 사실에 희망을 걸었지. 다행히 인종은 유순하고 문정왕후에게 효성이 지극했단다. 하지만 병약했던 인종은 왕위에 오른 지 9개월 만에 짧은 생애를 마치고 말았어. 그리고 문정왕후가 바란 대로 아들인 경원대군이 열두 살로 왕위에 올랐지. 그가 조선의 열세 번째 임금인 명종이야.

문정왕후, 자신의 시대를 열다

문정왕후는 대신들에게 명종이 성인이 될 때까지 자신이 수렴청정을 하겠다고 알렸어. 수렴청정이란 어린 왕을 대신하여 대비나 왕대비가 임금 뒤에서 나랏일을 처리하는 것을 말해. 그렇게 어린 왕을 대신해서 나라를 이끌었지. 문정왕후는 대궐에 들어온 지 38년 만에 조선의 일인자가 된 거야.

칼자루를 쥔 문정왕후는 먼저 왕권을 위협하는 윤임 일파를 없애는 데 나섰어. 동생인 윤원형을 시켜 윤임 일파를 역모죄로 몰아 사약을 내리고 유배를 보냈단다. 그때 많은 선비들이 희생되었대. 그 뒤에도 윤원형은 계속해서 거짓 사건을 꾸며 반대파를 제거했어. 그렇게 자기 세력을 키운 거야.

명종이 스무 살이 되자 문정왕후는 국법에 따라 수렴청정을 거두고 명종이 스스로 나랏일을 돌보게 했단다. 그러나 실권은 여전히 그녀가 쥐고 있었어. 명종이 너무 여리고 효성이 지극하기도 했지만 윤원형을 비롯한 외척들의 권세를 누를 힘이 없었기 때문이야. 어머니 쪽의 세력이 힘이 너무 세서 임금도 함부로 다루지 못한 거야.

경복궁 근정전 안에 있는 옥좌

문정왕후도 사람들이 동생 윤원형을 원망하는 것을 알고 있었어. 하지만 친정 식구들밖에는 자신을 보호해 줄 세력이 없는 까닭에 알면서도 모르는 척 했어. 그녀는 권력 다툼이 얼마나 무섭고 매정한지 잘 알고 있었거든.

윤원형 일당이 나라를 제 마음대로 휘두르자 조정과 지방 관리들도 개인 욕심만 채우기에 바빴어. 그러다 보니 백성들은 더욱 궁핍해졌지. 배고픔에 지친 백성들 중 일부는 도적떼가 되기도 했단다.

연산군 때 홍길동, 숙종 때 장길산과 함께 조선 3대 의적으로 불리는 임꺽정이 1559년부터 3년간 황해도를 비롯하여 지방 곳곳을 돌아다니며 활동했어. 임꺽정은 지방 관청이나 부잣집을 습격해서 빼앗은 재물과 곡식

임꺽정의 활동 근거지였던 고석정(강원도 철원)

을 헐벗은 백성들에게 나누어주었지. 위기감을 느낀 조정에서는 여러 차례 토벌대를 보냈으나 계속 실패했어. 백성들이 임꺽정을 영웅처럼 여기고 관군을 도적떼로 생각해서 협조하지 않은 탓이야. 지방 관리들이 백성들을 착취하고 부정부패를 저질러서 백성들이 등을 돌린 거야.

문정왕후는 임꺽정을 반드시 잡으라는 명을 내리고 포상금도 크게 걸었어. 결국 임꺽정은 내부의 배신자로 인해 체포되어 처형당하고 말았단다.

격렬한 반대에도 불교에 의지하다

조선은 건국한 초부터 숭유억불 정책을 펼쳤어. 말 그대로 유교를 받들고 불교를 억압한 거야. 그러나 유교는 통치를 위한 지배 이념이었을 뿐 조선 왕실의 부녀자들은 불교에 많이 의지했단다. 조선 초기부터 왕실에 비극이 잇따랐기 때문이야.

여러 왕들 중에서도 특히 세종과 세조는 불교에 의지했지만 드러내 놓고 불교를 보호하는 정책을 펼 수는 없었어. 조선의 유학자들이 불교를 이단으로 여기며 철저하게 배척했기 때문이야.

성종은 세조 때 불교 경전을 간행하기 위해 설치한 간경도감을 폐지했고, 심지어 연산군은 도성 안에 있는 사찰을 기생집으로 바꾸기도 했대. 게다가 중종은 《경국대전》에 적힌 승려의 신분증인 도첩제도 폐지했단다. 《경국대전》은 조선 시대에 통치의 기준으로 삼은 법전이거든. 유교 국가인 조선이 승려들에게 신분증을 준다는 것은 법에 어긋나는 거였기 때문이야. 중종은 승려들을 토목공사에 동원하여 강제 노동을 시킨 뒤 일반인의 신분증인 호패를 주었대. 그리고 세조가 왕실의 사찰로 세운 원각사도 헐어 버렸단다. 그야말로 불교는 명맥을 잇기도 어려울 지경이었지.

원각사지십층석탑

그런 유교 국가에서 오랫동안 불심에 의지했던 문정왕후는 불교를 적극적으로 보호하는 정책을 펼쳤어. 그래서 그 당시에 가장 유명한 고승인 보우대사를 불교계의 총지도자로 삼기

도 했지.《조선왕조실록》에는 보우대사가 금강산에서 불교 행사를 열면 수많은 사람들이 구름떼처럼 몰려들었다고 기록되어 있단다.

1552년, 문정왕후는 연산군 대에 없어진 승과를 부활시켰어. 승과는 승려들이 보는 과거 시험으로, 여기에 급제해야만 사찰 주지가 될 수 있었대. 승려의 자질을 높이려는 목적이었지. 그러자 불교 경전을 연구하는 사람들이 늘어났고 조정 대신들은 승과를 폐지하라고 상소를 계속 올렸어. 그러나 불교를 키우려는 의지가 강한 문정왕후는 뜻을 굽히지 않았단다.

유학의 교육을 맡아보던 곳인 성균관의 유생들은 집단 시위를 하고, 불교를 배척하는 상소문이 전국에서 끊임없이 올라왔어. 그러자 문정왕후는 자신의 뜻을 밝혔어.

"불교가 이단이니 멀리하는 것이 마땅하리라. 하지만 역대 임금 이래로 완전히 끊어진 것이 아닌 바에야 어찌 나 홀로 폐지할 수 있으랴. 내가

명종 때 불교계의 중심 사찰이었던 봉은사

주상에게 이 일로 부끄럽게 여기는 바는 있으나 이 또한 내가 나라를 위하는 정성의 한 부분이니 그대들은 그렇게 알도록 하라."

이 말에 유생들은 아무 말도 하지 못했대. 그만큼 문정왕후는 불교를 다시 일으켜 세우려는 의지가 확고했거든. 또한 많은 백성들이 불교에 의지한다는 사실도 잘 알고 있었어. 그래서 불교를 보호하는 것도 '나라를 위하는 정성'이라고 표현한 거야.

많은 신하들과 유생들의 반대를 무릅쓰고 자기 뜻대로 정책을 추진하는 것은 왕조차도 하기 어려운 일이었을 거야.

실제로 조선의 왕은 자기 마음대로 정책을 만들고 시행할 수가 없었어. 때때로 어명에 반대하는 조정 대신들과 성균관 유생들이 집단행동을 하고 지방 유생들이 줄줄이 상소를 올렸기 때문이야. 그런 상황에서 문정왕후는 어떻게 48년 동안이나 권력을 지켰을까? 그것은 아마도 문정왕후의 강한 의지와 지도력 때문일 거야.

문정왕후는 불교 정책을 적극적으로 폈고, 보우대사가 실시한 승과를 통해 승려들을 많이 배출했단다. 훗날 임진왜란이 일어나자 전국에 있는 승려들이 나라를 구하기 위해 앞장선 것

보우대사

도 승과 제도가 있었기에 가능했어. 그래서 서산대사나 사명대사 같은 훌륭한 불교 지도자들이 나타난 거야.

문정왕후, 권력자일까 선구자일까?

1565년, 문정왕후는 예순다섯 살에 창덕궁에서 세상을 마감했단다. 그러자 나라 안의 유생들이 들고 일어나 보우대사를 처단하라는 상소가 빗발쳤어. 결국 보우대사는 제주도에 유배되었다가 죽고 말았지. 불교를 다시 일으켜 세우려는 의지도 꺾이고 말았어. 윤원형도 조정 대신들의 탄핵으로 관직을 빼앗기고 황해도로 떠났다가 죽고 말았단다.

훗날 역사 속에서 문정왕후를 부정적으로 보는 데는 두 가지 이유가 있어. 하나는 여성이 너무 오랫동안 권력을 휘둘렀다는 것이고, 다른 하나는 불교를 중흥시키려 한 점이야. 그런 평가를 받게 된 것은 역사를 기록하는 사람들이 모두 남성이며, 그들이 철저하게 유교만을 믿는 유학자였기 때문이야. 역사는 어떤 시각에서 보느냐에 따

문정왕후가 묻혀 있는 태릉

라 평가가 달라지거든. 하지만 문정왕후는 조선 왕조 역사상 가장 힘 있는 여성 정치가였고, 불교를 일으켜 세운 선구자였다는 것만은 분명해.

현재 문정왕후는 서울시 노원구의 태릉에 묻혀 있어.

그림에 자신의 꿈을 담은 예술가
신사임당 (1504~1551)

그녀는 한국인을 대표하는 여성상으로 꼽혀. 대학자 이이 선생의 어머니라는 점 때문이기도 해. 자녀들에게 올바른 마음과 몸가짐을 가르친 그녀는 훌륭한 어머니이자 동시에 뛰어난 예술가였어. 그림뿐 아니라 시와 글씨에도 재능이 많았거든. 그녀는 자신이 보고 느끼는 세상을 화폭에 담았어. 시대의 차별을 넘어 자신의 예술을 꽃피운 여성, 그녀가 바로 지금 우리가 만날 신사임당이란다.

타고난 재능을 열심히 갈고 닦다

1504년, 신사임당은 강원도 강릉의 북평에서 아버지 신명화와 어머니 용인 이씨 사이에서 둘째 딸로 태어났어. 어릴 때 이름은 인선이고, '사임당'이라는 호는 중국 주나라 문왕의 어머니인 태임을 스승으로 삼는다고 해서 붙인 이름이야.

문왕은 중국에서 가장 이상적으로 섬기는 임금이었어. 신사임당은 왜 문왕의 어머니를 자신의 스승으로 삼았을까?

사임당의 아버지 신명화는 늦은 나이에 진사 시험에 합격했지만 연산군의 폭정과 잇따른 선비들의 옥사 사건을 보고 관직에 오르는 꿈을 접었단다. 그러고는 십 수 년 동안 한양과 강릉을 오가며 지내다 처가인 강릉에 내려와 살았지. 부인인 용인 이씨 쪽은 강릉에서 유명한 집안으로 생

신사임당과 이이가 태어난 오죽헌

활이 유복했어. 사임당이 살던 시대에는 결혼한 여자가 친정에서 사는 경우가 많았대.

사임당은 외가에서 태어나 외할아버지와 어머니로부터 학문과 여자가 지녀야 할 규범을 배웠어.

사임당은 어릴 때부터 예술에도 재능이 많았어. 게다가 바느질, 자수를 비롯한 가정 일에도 능숙했단다.

이이 선생은 어머니의 일생을 적은 글에서 이렇게 말했을 정도야.

"어릴 적부터 경전에 통달하고 글을 잘 지었으며 글씨와 그림에 뛰어났고, 또 바느질에 능해서 수놓은 것까지도 절묘하지 않은 것이 없었다. …… 평소에 그림 솜씨가 비범하여 일곱 살 때부터 안견의 그림을 흉내 내어 산수화를 그렸으며 또 먹으로만 포도를 그렸으니, 세상에 견줄 만한

신사임당이 그린 〈초충도〉

이가 없었다. 어머니가 그리신 병풍과 족자들이 아직 세상에 전한다."

안견이라면 〈몽유도원도〉를 그린 조선 초기의 유명한 화가이잖아. 신사임당은 일곱 살 때부터 안견의 그림을 흉내 낼 정도로 그림 실력이 대단했다는구나. 실제로 사임당이 풀과 곤충을 그린 그림 묶음인 〈초충도첩〉은 훗날 임금인 숙종의 장인 집에 있었는데, 숙종이 이 소문을 듣고 가져오라 해서 똑같이 그리게 하여 그 그림을 병풍으로 썼대.

마음도 곱고 그림도 고운 신사임당

사임당은 사물을 세밀하게 관찰하여 표현하는 것에 뛰어났어.

한번은 사임당이 친척 어른께 그림 한 폭을 선물했어. 그런데 며칠 뒤 그가 사임당 집에 와서 이런 이야기를 전했다는 거야.

"내가 그 그림을 햇볕에 말리려고 마당에 펼쳐 놓았더니 그만 닭이 쪼아 버렸다네. 아깝게도 구멍이 뚫어졌으니 이를 어쩐단 말인가?"

"닭이 왜 그림을 쪼았다는 겁니까?"

옆에 있던 사람들이 믿기지 않는 듯이 물었어.

"인선이가 꽃, 오이, 곤충을 얼마나 사실적으로 잘 그렸는지 살아 움직이는 것 같으니까 닭이 먹으려고 쪼아댄 거지."

"그게 정말이에요?"

"그렇게 재주가 뛰어났다니!"

현재 국립 중앙박물관에 전시되어 있는 사임당의 그림들은 모두가 우리가 일상에서 쉽게 볼 수 있는 맨드라미, 오이, 원추리꽃, 양귀비꽃, 가지, 개구리, 도마뱀, 쇠똥벌레 들을 소재로 했어.

만약 사임당이 남자로 태어났다면 금강산도 가고 경포대에 가서 풍경화를 그렸을지도 몰라. 하지만 당시는 여자가 집 밖으로 나가는 것이 쉽지 않은 시절이었단다. 그래도 사임당은 화가로서의 열정을 참을 수가 없었어. 그나마 다행히 사임당은 일반 부녀자들과는 달리 결혼한 뒤 20년 가까이 친정에서 살았고, 학문과 예술을 적극 후원하는 집안 분위기 덕분에 자신의 재능을 펼칠 수 있었지.

사임당은 그림을 잘 그렸을 뿐만 아니라 영리하고 심성도 따뜻했단다.

어느 날 사임당은 이웃 부인들과 잔칫집에 초대받아 갔는데 큰일이 생겼어. 한 부인이 발을 동동 구르며 주위 사람들에게 하소연하는 거야.

"어쩌면 좋아요? 이 비단치마는 잔

신사임당이 그린 〈포도도〉

칫집에 초대받아 간다고 빌린 건데 그만 얼룩이 묻었으니 큰일이에요. 치마 값을 물어 줄 형편도 안 되고…….”

걱정으로 울상이 된 부인을 보며 다들 안타까워했지. 그러자 사임당은 화필과 먹을 가져오라 하고 그 부인에게 치마를 잠시 벗어 놓으라고 했어. 그리고 얼룩진 곳에 탐스러운 포도송이를 그렸단다. 다들 그것을 보고 감탄했지. 사람들이 그 치마를 팔면 많은 돈을 받을 수 있겠다고 한 마디씩 했어. 그 부인은 포도를 그린 치마를 팔아 새 비단치마를 샀고 남은 돈을 사임당에게 돌려주려 했대. 그러자 사임당은 살림에 보태 쓰라며 받지 않았어. 이처럼 그녀는 재능 못지않게 인정도 많았단다.

사임당이 훌륭한 그림을 그릴 수 있었던 것은 타고난 재능 때문이기도 했지만 그림에 대한 열정과 끈기가 있었기에 가능했어. 사임당이 자녀들에게 늘 강조한 것도 바로 그런 자세였단다.

신사임당의 자수 병풍 중에서

"그림은 단순히 손재주만으로는 그릴 수 없다. 우선 마음을 가다듬은 다음 그리고자 하는 대상을 자세하게 관찰해야 한다. 곤충이든 식물이든 그 대상이 지니고 있는 실체를 파악하지 못하면 그림을 그려도 생명력이 없음을 명심해야 한다."

사임당은 평생 바깥 놀이 한 번 간 적이 없을 만큼 시간을 쪼개며 살았어. 화폭만이 자신의 꿈을 담는 유일한 세상이었기 때문이야.

남편에게 옳은 길을 가르치다

사임당은 열아홉 살이라는 당시로서는 늦은 나이에 세 살 위인 남편 이원수와 결혼했어. 그런데 사임당의 아버지는 자신이 죽을 것을 미리 알고 있었는지 사위에게 이렇게 부탁했대.

"내게 딸이 많은데, 다른 딸은 시집을 가도 서운하지 않으나 자네 처만큼은 내 곁을 떠나보내고 싶지 않네."

심성이 착한 사위는 장인의 뜻에 따라 사임당을 친정에 살게 했어. 몇 달 뒤 친정아버지가 세상을 떠나자 사임당은 삼년상을 치렀고, 그 뒤로 한양으로 올라가 시댁과 친정을 오가며 살았어.

사임당은 남편과 10년 동안 서로 떨어져 살기로 약속했어. 남편은 한양에서 어머니를 모시고 학문을 닦아 과거 시험을 준비하기로 했지. 그런데 남편은 사임당보다 학문도 깊지 않았고 의지도 강하지 않았나 봐. 일찍이 사임당이 자녀 교육에 신경 쓴 것도 그 까닭이 있었단다.

사임당의 일화를 보면 그녀가 얼마나 냉정하고 강한 성격을 지녔는지 엿볼 수 있어. 어느 날 사임당의 남편은 한양으로 올라가다가 되돌아왔대. 타고난 재주도 없고 공부도 열심히 할 뜻이 없었던 거야.

사임당은 되돌아온 남편을 보고 바느질 그릇에서 가위를 꺼내더니 심각하게 말했어.

신사임당

"저는 세상에 희망이 없는 몸이라 어찌 더 오래 살기를 바라겠습니까? 당신이 약속을 지키지 못한다면 스스로 목숨이라도 끊어 제 삶을 마치는 것이 더 좋을 듯 싶습니다."

그러자 남편은 눈이 번쩍 뜨여 굳게 결심하고 열심히 공부했어. 그러나 남편이 벼슬길에 오른 것은 쉰 살 때였고 지방의 낮은 관직으로, 사임당이 죽기 1년 전이었대.

학식도 짧고 사리가 밝지도 못했으며 생계를 책임지지도 못하는 남편과 평생을 함께 살았던 사임당의 심정은 어땠을까? 사임당이 늘 친정을 그리워하며 시를 짓고 그림을 그린 것이나 자녀 교육에 힘쓴 것은 그런

속사정이 있었던 거야.

남편은 당시 정승이던 친척 집에 자주 드나들었대. 그러자 사임당이 단호하게 충고했어.

"어진 선비를 모함하여 해를 입히고 권세만을 탐하는 당숙의 영광이 오래 갈 수 없지요."

당숙은 오촌 아저씨로, 당시 이원수의 당숙은 이기라는 사람이야. 명종 때 윤원형과 함께 많은 선비들을 죽였지. 그 말을 들은 남편은 즉시 그 집에 발길을 끊었단다. 덕분에 나중에 화를 피할 수 있었어. 이처럼 사임당은 여성이면서도 세상의 이치와 정세를 꿰뚫고 있었던 거야.

옳고 그름을 가려 의로움을 실천하라

아울러 사임당은 자녀들을 가르치는 데에도 소홀하지 않았어.

"글을 읽음은 옳고 그름을 가려서 하는 일에 의로움을 실행하기 위함이다."

아이들과 떨어져 있을 때도 읽을 책과 해야 할 일을 적어 주고 반드시 확인하는 등 꼼꼼히 신경 썼어.

사임당이 자녀를 가르칠 때 중요하게 여긴 것은 출세와 권세가 아니었어.

"학문을 닦는 데 정성 들여 하지 않으면 그 학문이 그릇된다. 그러므로 배우는 사람은 진실되게 하며 성실히 하여 정성을 들여 학문에 임하라."

"세상을 살아가는 데 있어서 생각과 느낌을 바르게 말로 나타내고, 행동을 참되고 정성스럽게 갖는 일이 가장 높은 덕이다."

이렇게 사임당은 늘 진실한 마음과 바른 행동을 강조했단다. 사임당이 만약 출세와 권력을 바랐다면 남편이 권세 높은 친척 집에 드나드는 것을 말리지 않았을 거야.

이매창이 그린 〈매화도〉(왼쪽)와 이우가 그린 〈국화도〉

그런 어머니의 가르침을 받은 일곱 자녀는 저마다 훌륭하게 성장했지. 특히 큰딸 이매창은 사임당을 닮아 시와 그림, 글씨에 뛰어나 '여자 중에서도 군자'라는 말을 들었대. 넷째 아들인 이우는 시서화와 거문고 연주로 명성을 날렸단다. 물론 가장 뛰어난 자녀는 율곡 이이 선생이었지.

이이가 제자들과 학문을 논했던 화석정

이이 선생은 열세 살에 진사 시험에 장원급제한 뒤로 과거 시험에 아홉 번이나 급제했을 만큼 조선을 대표하는 유학자 중 한 분이시지. 이이 선생은 높은 벼슬을 했지만 평생을 청렴하게 사셨단다. 죽은 뒤에 수의를 살 돈이 없어 친구들이 해줄 정도였거든.

그러나 사임당은 자신의 삶을 남편과 자녀를 위해 희생하며 살지는 않았어. 결혼한 여성으로 자기에게 주어진 책임과 의무에 최선을 다하며 살았을 뿐이야. 그리고 무엇보다도 자신의 꿈과 희망을 키우려고 노력했지.

사임당은 총명하고 통찰력이 뛰어나 경전을 비롯한 많은 책을 읽었어. 그러니 여성에 대한 사회적인 굴레와 부당함을 알 수 있었지. 또한 학문을 배웠다는 사대부들이 권력 다툼에 눈이 먼 현실도 보았단다. 하지만 자신이 할 수 있는 일은 없다고 느꼈어. 그렇다고 남편이 학문이 높아 나라의 큰 인재가 될 것 같지도 않았거든. 그래서 더욱 자신의 꿈을 키우는 데 충실했을 거야. 그리고 어머니로서 자녀 교육에 각별히 신경 썼던 거야.

한 많은 조선 여인, 눈물로 시를 짓다

사임당은 서른여덟 살 때 강릉 생활을 정리하고 한양으로 올라갔어. 그때 사임당은 돌아올 기약 없이 친정을 떠나는 처지와 홀로 된 어머니를 두고 가는 것이 마음에 걸렸지. 그래서 대관령을 넘다가 눈물을 흘리면서 시를 지었는데, 그것이 유명한 〈대관령을 넘으면서 친정을 바라보다〉라는 작품이야.

신사임당 동상

> 늙으신 어머님을 고향에 남겨 두고
> 외로이 한양 길로 떠나는 이 마음
> 머리 들어 고향을 한번 바라보니
> 흰 구름만 저문 산을 날아 내리네.

늙으신 어머니가 마음에 걸리기도 했지만, 사임당에게 친정은 자신의 예술을 펼칠 수 있는 유일한 세계였어. 그런 곳을 떠나야 하는 현실이 안타까웠던 거야. 한양으로 가면 시댁 식구를 챙기느라 살림살이에 전념할 수밖에 없고, 그러자면 그림을 그릴 여유가 없을 테니까.

이이 선생은 그런 어머니를 보며 이렇게 기록했어.

"어머니께서는 평소에 늘 강릉 친정을 그리며 깊은 밤 사람들이 조용해지면 눈물을 지으며 울다 밤을 꼬박 새우기도 하셨다."

실제로 사임당은 "천 리 밖 고향 산천 첩첩 쌓인 봉우리에 꿈속에서도 오로지 고향 생각뿐"이라며 언제쯤 강릉 땅을 밟아 볼까 애태웠어.

사임당은 한때 남편이 첩과 살림을 차려 고통 받기도 했어. 그때 무엇보다 자식들이 걱정되었는지 남편에게 이렇게 말했대.

"혹시 제가 먼저 죽더라도 재혼은 하지 마세요. 우리는 자식이 일곱이나 되니 또 무슨 자식이 필요하겠어요. 부디 《예기》의 가르침을 잊지 마세요."

《예기》는 공자가 편찬한 유교 경전으로, 주로 도덕과 예의에 대한 내용을 담고 있어.

이 말을 들은 남편은 마지못해 수긍했지. 하지만 막상 사임당이 죽자 남편은 첩을 들여 살림을 맡겼어.

이이 선생이 한때 금강산으로 가출한 것은 의붓어머니가 구박한 탓이라는 이야기도 있단다. 그런데 이이 선생은 나중에 의붓어머니를 극진하게 모셨고, 그러자 의붓어머니는 뒤늦게나마 자기 잘못을 뉘우쳤대.

1551년, 신사임당은 마흔여덟 살을 끝으로 갑자기 세상을 떠났어. 바로

자운서원

전 해에 남편이 종5품의 수운판관에 임명되어 큰아들과 이이를 데리고 평안도에 갔다가 돌아오는 길이었어.

경기도 파주에 있는 자운서원은 이이 선생의 위패를 모신 사당이야. 그 안에 신사임당의 묘가 모셔져 있단다.

신사임당은 훌륭한 대학자의 어머니이기 이전에 꿈과 열정을 지닌 예술가였단다.

남편에게 사위 된 도리를 요구한
송덕봉 (1521~1577)

송덕봉은 학식이 뛰어난 집안에서 태어나 어린 시절부터 경전과 역사책을 공부하며 자랐어. 열다섯 살에 호남의 대학자 유희춘과 결혼하여 어느 누구보다 여성의 본분을 충실히 지켰지만 남자로 태어나지 못한 것을 한스러워 했어. 그러면서도 며느리와 아내로서 책임에 충실했고 남편에게 사위로서 도리를 하라고 요구했지. 그녀는 우리에게 올바른 부부 관계를 보여 주었단다.

책을 많이 읽고, 배움 깊은 선비와 결혼하다

송덕봉은 1521년에 전라도 담양의 명문 집안에서 태어났어. 아버지 송준과 어머니 이씨 부인은 딸들에게도 학문을 가르쳤단다. 그런 집안에서 자라서인지 그녀는 경전과 역사책을 많이 읽었어.

그녀는 열다섯 살에 전라도에서 학문과 재능으로 이름난 유희춘과 결혼했어. 유희춘? 혹 낯설지 않니? 이분은 《미암일기》라는 저서를 남긴 조선 시대의 대학자란다.

그녀보다 여덟 살 위인 유희춘은 스물여섯 살에 과거 시험에 합격하고 관직에 나갔어. 하지만 송덕봉이 스물일곱 살이었을 때 정치 사건에 연루되어 21년간 유배 생활을 했대. 당시는 명종이 왕위에 있었으나 문정왕후가 수렴청정을 하던 때였지. 유희춘은 문정왕후의 동생인 윤원형을 비판하여 눈밖에 났고 그 까닭에 조선의 제일 북쪽 땅인 함경도 종성으로 귀양살이를 떠났어. 그러다 보니 그녀는 집안 살림을 책임져야만 했어. 21년 동안 시어머니를 모셨고, 시어머니가 돌아가시자 삼년상을 혼자 치렀지.

〈팔도총도〉
《신증동국여지승람》에 수록된 조선 전도로, 1500년대에 제작한 것으로 여겨져.

그리고 마흔이 넘은 나이에 남편이 사는 함경도로 혼자 길을 떠났단다. 그 시절에 전라도에서 거기까지 여자 혼자 몸으로 간다는 것은 보통 일이 아니었어. 그때 송덕봉은 험한 산길을 넘어 백두산 줄기의 고개인 마천령에 올라 시를 지었단다. "아낙네가 무슨 일로 만 리 길을 왔겠는가? 아내로서 지켜야 할 도리 때문이라"는 내용이었지.

문정왕후가 죽자 조정에서는 윤원형을 비판했던 선비들을 풀어 주자는 말이 나왔어. 그리고 선조가 왕위에 오르자 유희춘은 긴 유배 생활을 마치고 한양으로 돌아올 수 있었지.

남편이 높은 벼슬에 나가자 송덕봉은 자녀들을 결혼시키고 비교적 편안하게 살았어. 조선 시대에는 남편의 벼슬에 따라 아내에게도 그에 어울리는 대우를 해주었거든. 그래서 송덕봉은 정경부인까지 올랐단다.

남편과 시를 주고받으며 풍류를 즐기다

송덕봉은 집안일을 하면서 시를 써서 시집을 엮기도 했어. 그 시집은 현재 전하지는 않지만 대신 남편이 자신의 문집에 몇 편을 소개했단다.

〈화조도〉
이 그림 중 오리는 부부간의 사랑과 장원급제를 상징해. 오리가 두 마리 그려져 있는데, 이는 과거의 1차 시험인 초시와 2차 시험인 복시를 모두 합격하라는 뜻이며, 버드나무 역시 장원급제를 뜻해.

오랜 세월 떨어져 지내야 했던 두 사람은 편지로 시를 주고받았어. 남편은 아내의 시를 읽고 매우 아름답다고 하며 답장을 보내곤 했어.

그녀가 살았던 16세기에는 여성도 교육을 받았고, 딸도 제사를 지냈으며, 재산도 상속받았어. 남자는 외가에서 자라나 처가에서 살기도 했거든. 우리가 흔히 알고 있는 조선 시대와는 달리 당시의 여성들은 억압을 덜 받았단다. 남녀 차별이 심해진 것은 그때부터 100년이 더 지나서였어.

송덕봉에게는 남편과 함께 한양에서 살던 시절이 가장 행복했어. 다른 부인들과 모여 놀기도 하고 남편과 장기를 두기도 했단다. 또한 여종에게 노래와 악기를 배우게 하여 잔칫날 시중을 들게 했지. 그리고 결혼한 자식들과 함께 모여 술도 마시고 시를 짓기도 했단다.

> 하늘과 땅이 비록 넓다고 하나
> 여인들이 사는 곳,
> 그곳에서는 그 참모습을 보지 못하네.
> 오늘 아침 반쯤 취하고 보니
> 천하는 넓어 끝이 없구나.

송덕봉은 술에 취해 지은 시에서 본마음을 비추었어. 비교적 자유롭게 산다고 해도 여자로 사는 세상살이는 답답했기 때문이지.

남편은 때로는 아내에게 시를 지어 술과 함께 보내며 평생 고생한 부인에게 고마움과 사랑을 전하기도 했어. 아내도 차가운 날씨에 대궐에서 근무하는 남편의 건강도 염려하고 고마움을 시로 적어 보냈어. 이렇게 유희춘과 송덕봉은 시를 주고받는 친구이자 부부로 애정이 남달랐단다.

송덕봉은 남편과 모든 일을 의논하며 각자 꿈을 꾸면 꿈 풀이도 해주곤 했어. 그런데 그녀는 꿈에서 임금을 만나고, 임금에게서 시에 대한 칭찬과 상을 받는 꿈을 여러 번 꾸었대. 왜 그런 꿈을 꾸었을까? 그녀도 남편

종묘

처럼 임금에게 인정도 받고 벼슬도 하면서 자기 뜻을 펼치고 싶었던 것이 아니었을까?

　송덕봉은 종묘로 제사를 지내러 나온 임금의 행차를 구경하기 위해 새벽부터 집을 나서기도 했어. 종묘란 조선 시대에 역대 임금과 왕비의 위패를 모시던 왕실의 사당을 말해. 거기에 제사 지내러 가는 임금의 행차이니 매우 큰 행사였을 거야. 그녀는 중국 사신이 왔을 때도 궁궐 주변으로 외출을 나갔어. 그만큼 넓은 세상에 대한 관심이 남달랐지.

　송덕봉이 여자로 태어난 것을 한스럽게 생각한 데는 또 다른 사연이 있었단다. 남편 유희춘은 평생 송덕봉과 첩 사이를 오가며 두 집 살림을 했고 첩에게서 여러 자식을 두었어. 아무리 학식이 높고 덕이 있는 여자라고 해도 그 꼴을 보기가 힘들었을 거야. 당연히 마음속에 상처가 되었지. 조선 시대에는 양반이 첩을 두는 것을 당연하다고 여겼지만 여자 입장에서는 고통스러운 일이었어. 그것은 본부인이든 첩이든 마찬가지야.

그런데도 송덕봉은 첩과 첩의 자녀들도 자상하게 보살펴 주었어. 그것도 자신이 할 도리라고 여긴 까닭이지.

남편에게 사위 된 도리를 요구하다

조선 시대에는 사대부가 관직에 나아가 벼슬이 오르면 부인의 지위도 같이 올라가고 부모와 조상의 관직도 올려 주었어. 그러나 부인의 친정 부모에게는 혜택이 없었대.

남편 유희춘이 정2품이 되자 정경부인이 된 송덕봉은 아버지가 돌아가시기 전에 하신 말씀이 생각났어.

유희춘을 추모하기 위해 지은 모현관

"내가 죽은 뒤에 정성을 다하여 내 묘 곁에 비석을 세워 주기를 바라노라."

송덕봉은 결혼한 뒤로는 시집 뒷바라지에 정신이 없었는데, 이제 자식도 출가시키고 살림살이도 나아지니 돌아가신 부모님의 은혜를 갚고 싶었어. 마침 해남에 좋은 돌이 있다고 해서 담양까지 옮겨다 놓기는 했는데 돌을 깎아서 세우지 못한 터였대.

그런데 남편이 전라도 감사로 임명되어 내려갔단다. 송덕봉은 속으로 기뻐하며 남편이 도와주리라 믿고 편지를 썼지.

그러나 남편은 단호하게 거절했어.

"감사는 옳지 않은 풍습이나 일을 없애는 것에 힘쓰고 개인적인 일을 돌봐 줄 수 없으니 형제들끼리 비용을 마련하도록 하시오. 그러면 그 밖의 일은 돕겠소."

유희춘은 처가 일로 사람들 입에 오르내릴 것 같아 피하고 싶었던 거야. 여느 부인 같으면 서운한 마음이 들어도 속으로 참았을 거야.

그러나 송덕봉은 내용이 아주 긴 편지를 남편에게 보냈단다. 그것도 단지 섭섭하다는 데 그치지 않고, 사람이 해야 할 도리와 윤리 문제까지 조목조목 따지면서 중국의 성인들이 어떻게 했는가를 밝혔어. 평소에 쌓은 학식과 문장 실력을 발휘했지.

"도대체 어떤 마음입니까? 자신의 청렴함이 더럽혀질 것을 싫어하여 그렇게 한 것이 아닌지요? 아니면 처의 부모라 차별을 두어 그렇게 하신

건가요? …… 당신은 제 친구로 스스로 암컷과 수컷이 함께 붙어 다니는 벌레로 비유하면서 평생을 같이 늙어 왔지요. 그런데 불과 쌀 40, 50말 비용이면 일을 끝낼 것을 싫증내고 번거로워 하시니 저로서는 분하고 원통한 마음에 죽고 싶을 지경입니다."

그녀는 늦게나마 돌아가신 아버지께 효도를 하려는데 남편이 거절하자 그동안 서운한 감정을 다 털어 놓았어. 옛날 중국의 선비는 친구가 어려워지자 배에 보리를 실어 보냈는데 남편이 그만큼도 해주지 못하느냐며 따진 거야. 그리고 자신의 친정 부모가 죽었을 때 3년 동안 제사도 한 번 지내 주지 않았다고 항의했어. 아울러 친정 형제들의 형편이 좋다면 이렇게까지 부탁하지도 않았을 거라고도 했지.

송덕봉은 자신은 아내로서 며느리로서 해야 할 도리를 다했다면서 유

유희춘이 제자들을 가르치던 연계정

희춘에게 남편이자 사위로서 해야 할 도리를 하지 않는다고 엄하게 꾸짖었어. 그리고 한 마디 더 보탰단다.

"만약 당신이 저로 하여금 이 소원을 이루지 못하게 하신다면 저는 비록 죽어도 지하에서 눈을 감을 수 없을 것입니다."

조선 시대에 여덟 살 아래인 아내가 대학자인 남편에게 따지며 으름장을 놓았다는 사실이 놀랍지 않니?

결국 유희춘은 아내가 쓴 편지를 읽고 장인의 비석을 세우는 일을 도와주었어. 그리고 아내의 뛰어난 글 솜씨를 아껴 자신의 문집에 넣어주었어. 송덕봉도 보통 부인은 아니었지만 유희춘도 당대의 대학자다웠단다.

스스로를 지켜 참된 길을 가세요

유희춘은 부인에게서 "융통성도 없고 앞뒤가 꽉 막혀 통하지 않는 사람 같다."는 말까지 들었대. 그렇지만 "부인의 말이 모두가 다 옳다."고 시원하게 인정했지.

두 사람은 오랜 세월 헤어져 사는 일이 많았는데, 한번은 유희춘이 한양에서 몇 달 동안 혼자 지낸 적이 있었어. 그때 유희춘은 아내에게 보낸 편지에 자신의 외로움을 하소연하면서 그간 여자를 가까이 하지 않았다고 자랑했단다. 그러자 답장이 왔어.

"남자가 서너 달 여자를 가까이 하지 않은 것이 무슨 자랑인지요? 더구나 예순이 가까운 나이에 혼자 지내는 것은 건강에도 크게 이로운데 아내인 저를 생각해 주는 척 하지 마세요. 제가 시어머니의 삼년상을 마쳤을 때 사람들이 친자식도 그렇게 하기 어렵다고 말했지요. 그리고 유배 당시 만 리 길을 찾아간 제 정성을 잊으셨나요? 그렇게 따지면 당신이 몇 달 혼자 지낸 것과 제가 한 일 중 어느 것이 더 힘들었겠습니까? 은혜로 따지면 남편인 당신이 제게 갚을 것이 더 많지 않겠습니까? 제발 여자 욕심을 버리고 건강을 지켜 오래 살기를 바랄 뿐입니다."

이런 내용이었단다. 유희춘은 이번에도 송덕봉이 한 말이 모두 옳다고 하며 《미암일기》에 글을 옮겨 놓았지.

송덕봉은 유희춘이 먼저 세상을 떠나자 너무나 슬퍼했어. 그리고 남편이 죽은 다음해인 1578년 쉰여덟 살을 마지막으로 눈을 감았단다.

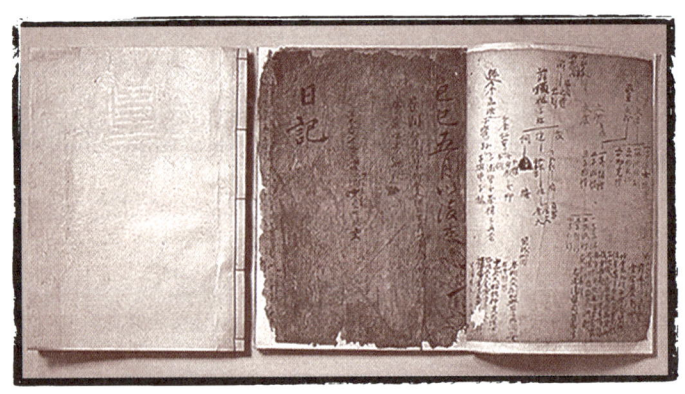

《미암일기》
유희춘이 직접 쓴 일기로, 당시 사회와 문화를 살펴볼 수 있는 중요한 자료란다. 이 안에 송덕봉의 편지와 시도 들어 있어.

신사임당이 송덕봉보다 17년 전에 태어났으니 두 여성은 같은 시대를 살았어. 여자로 태어났지만 어려서 교육을 받은 점이나 뛰어난 학식, 여자로서 아름다운 행실을 지닌 것은 두 사람 다 같아. 하지만 조선 시대에 송덕봉처럼 아내로서 권리를 당당히 요구한 사람은 찾아보기 힘들단다. 그래서 송덕봉은 훗날 '여자 선비'라는 칭송을 듣게 되었지.

밝은 달처럼 살고자 한 기생
황진이 _(중종 때로 여겨짐)

황진이는 조선 역사상 최고의 기생으로 불려. 타고난 미모에 학식을 갖추고 글재주도 뛰어났어. 그녀는 기생에 대한 편견을 깨뜨린 여성으로, 결혼을 거부한 채 자유연애를 즐기기도 했어. 그러나 그녀의 시에는 외로움과 아픔이 흐르고 있어. 차별이 심한 사회에서 그녀가 설 땅이 없었으니까. 기생이지만 시인으로 후세에 이름을 남긴 황진이, 그녀가 꿈꾼 세상은 무엇인지 함께 만나 볼까?

기생으로 세상에 이름을 높이다

황진이가 언제 어디서 태어나 죽었는지는 확실하지 않고 여러 이야기가 전할 뿐이야. 다만 중종 시대에 활동한 것으로 추측하고 있대.

황진이는 아버지 황 진사와 어머니 진현금 사이에서 태어났어. 아버지는 양반이었지만 어머니는 천민이었지. 따라서 그녀는 양반이 될 수 없었단다. 조선 시대에는 자식이 어머니의 신분을 따랐기 때문이야. 미모가 빼어나고 총명하여 어려운 경전과 학문을 익혔지만 양반과 결혼할 수 없는 처지였어. 그녀는 자신의 불우한 처지를 한탄할 수밖에 없었단다.

그런 그녀에게 큰 사건이 생겼어. 그녀가 열다섯 살 쯤 되던 해였지.

황진이의 이웃에 살던 책방 도령이 그녀를 남몰래 짝사랑하다 상사병으로 죽고 말았어. 그런데 그 죽은 도령의 상여가 그녀의 집 앞에 이르자

도무지 앞으로 나아가지 않는 거야. 다들 놀라고 당황하여 쩔쩔맸어. 죽은 도령의 집안사람들은 황진이에게 죽은 사연을 이야기했대. 그러자 그녀는 자기 때문에 죽은 그 도령에게 미안함을 느껴 자기가 입던 저고리를 가져다 관에 덮어 주었어. 그랬더니 신기하게도 비로소 관이 앞으로 나아갔다는구나.

조선 시대에 결혼도 하지 않은 여자가 자기가 입던 저고리를 남정네에게 준다는 것은 결혼을 포기하는 것이나 다름없었어. 황진이는 새삼 자신의 기구한 운명을 예감했던 거야. 공부를 했지만 출신이 천한 기생의 딸이니 자기 앞날이 한심했던 거지.

황진이는 시를 짓는 재주도 뛰어나고 춤과 노래에도 능통했어. 그러자 그녀가 사는 개성은 물론 조선 팔도에 그 이름이 널리 퍼졌어. 다들 그녀의 노래는 선녀의 소리라고 감탄했단다.

황진이의 명성이 높아지자 사방에서 풍류를 즐기려는 사대부 양반들이 몰려들었어. 그러나 그녀는 학식과 말솜씨로 그들을 비웃으며 상대하지 않았단다. 재물과 명예로는 그녀의 마음을 결코 얻을 수 없었지.

신윤복이 그린 〈미인도〉

박연폭포, 서경덕, 황진이

개성 근교의 천마산 기슭에 지족암이라는 암자가 있었어. 그곳에는 30년 동안 수행하여 당시 사람들로부터 '살아 있는 부처'라고 불리는 지족선사가 살고 있었어.

소문을 들은 황진이는 그 고승이 얼마나 높은 덕을 지녔는지 시험해 보고 싶었어. 그래서 비 오는 어느 날 흰옷을 입고 찾아가, 자신은 남편이 죽어 과부가 되었다며 고승을 유혹했지. 결국 지족선사는 황진이의 유혹에 넘어갔대.

황진이는 30년 동안 도를 닦았어도 한순간의 유혹에 무너진 고승을 보며 허망했어.

고려 말 충신인 정몽주의 집터에 세운 서원으로, 서경덕의 위패를 모신 숭양서원

그 뒤에 학식이 가장 높다고 이름난 서경덕 선생을 찾아갔어. 서경덕 선생은 이황, 이이와 더불어 조선 3대 성리학자로 꼽히는 인물이야.

황진이는 박연폭포 근처에 살던 서경덕 선생을 시험하려고 여러 번 꾀를 내어 유혹했어. 그러나 그때마다 실패하고 말았대. 비에 젖은 채 속이 비치는 옷차림으로 찾아가도 서경덕 선생은 빙긋이 웃기만 했대. 황진이는 그런 서경덕을 스승으로 삼아 존경했어. 그 뒤 두 사람은 시를 주고받고 술도 권하고 때로는 거문고를 연주하며 스승과 제자 간의 정을 두텁게 쌓았단다.

세상 사람들은 개성의 유명한 세 가지, 박연폭포, 서경덕, 황진이를 한마디로 묶어 '송도삼절'이라고 불렀단다. 여기서 송도란 개성의 옛 이름이야.

박연폭포

사랑의 외로움과 이별을 시로 남기다

황진이는 조선 시대에 가장 자유롭게 연애를 한 사람이야. 기생이라는 신분 때문에 가능했던 거야.

황진이는 많은 사대부들과 풍류를 즐기고 사랑을 나누며 늘 영원한 사랑을 꿈꾸었단다. 하지만 그때마다 이별이 기다리고 있었지. 그녀는 그런 현실에 좌절하면서 인생이 덧없다고 생각하기도 했어. 그녀의 시에는 인생의 덧없음과 사랑의 아픔, 이별 등이 간절하게 담겨 있어.

다음 작품은 '서로 그리워하는 꿈'이라는 뜻을 지닌 〈상사몽〉이라는 시야.

> 그대 그리는 맘 간절하나 꿈에서만 볼 수 있네.
> 내가 임 찾아 떠났을 때 임은 나를 찾아왔네.
> 바라오니 그 언제쯤일까, 다음날 밤 꿈에는
> 오가는 그 길에서 그대와 나 함께 만나기를.

아무리 사랑하는 사람이라도 항상 같이 할 수 없다는 사실이 그녀에게는 가슴 아팠던 거야.

황진이가 사랑했던 남자는 대제학을 지낸 소세양이었어. 대제학이라면 조선 시대에 학문을 맡은 홍문관과 예문관의 으뜸 벼슬로, 궁중에서도 학문이 가장 뛰어난 학자잖아. 소세양은 자신의 학문과 덕성을 앞세워 평소에 큰소리 쳤어.

"미색이 아무리 빼어나다 해도 대장부가 여자의 유혹을 이기지 못해서야 되겠는가. 듣건대 송도 기생 황진이가 세상에 제일가는 미인이라 하나 나는 결코 자제력을 잃고 넘어가지 않으리라."

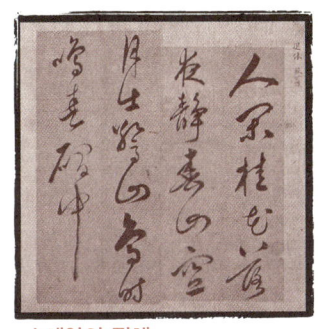

소세양의 필체

정말 그는 황진이의 유혹에 넘어가지 않았을까? 천만의 말씀이야. 그는 황진이를 만나자마자 사랑에 빠져 꿈 같은 한 달을 보냈단다. 황진이 역시 진심으로 그를 사랑했지. 헤어질 때가 오자 황진이는 그에게 송별 시를 선물했어. 〈소세양을 보내며〉라는 시가 바로 그거야.

> 달빛 어린 뜰에는 오동잎 지고
> 찬 서리 속에 들국화는 노랗게 피었네.
> 누각은 드높아 하늘에 닿을 듯
> 오가는 술잔에 취해 누웠다네.
> 거문고 가락 찬 물소리와 섞이고
> 매화 향기 피리소리 뿜어 보내네.
> 내일 아침 눈물로 이별한 뒤에는
> 그리는 정은 물결처럼 끝이 없으리.

그녀는 사랑하는 임과 이별하는 여자의 슬픔을 이렇듯 아름답게 표현했어. 이 시에 감동한 소세양은 며칠 더 머무르다가 떠났대.

신윤복이 그린 〈월하정인〉

넓고 자유로운 세상을 꿈꾼 여성, 황진이

황진이는 금강산이 천하 명산이라는 말을 듣고 가기를 원했으나 같이 갈 사람이 없었어. 길도 멀고 구경하는 데 몇 달이 걸리는 탓에 일반 사람들은 갈 수도 없었지. 더구나 여자 몸으로 금강산을 구경하러 간다는 것은 상상하기 어려운 시절이었거든.

황진이는 당시 재상의 아들인 이생에게 같이 갈 것을 권유했어.

"중국 사람도 고려에 태어나서 금강산을 보기를 원한다고 했답니다. 더구나 우리나라 사람이 이 땅에 태어나 살면서도 신선이 산다는 산을 가까이 두고도 참된 모습을 보지 못한대서야 되겠습니까? 그러니 빼어난 경치를 마음껏 찾아보고 돌아오면 또한 즐겁지 않겠습니까?"

그렇게 해서 황진이는 이생과 갖은 고생을 하며 금강산을 유람하다가 몇 개월 뒤에야 돌아왔어. 적극적이며 감정이 풍부한 황진이는 가슴에 쌓인 울적함을 조금이나마 털어 버릴 수 있었지. 사대부 남자들도 가기 힘들어 하는 금강산을 다녀왔다는 것이 뿌듯하기도 했지. 일반 부녀자들은 문 밖 출입도 하기 어려운 시절에 몇 달씩 집 밖에서 지낸다는 것 자체가 대단한 일이었거든.

황진이는 애초부터 기생으로 살더라도 자존심을 지키며 자유롭게 살기로 작정했던 거야. 경치 좋은 곳을 찾아 실컷 구경하고 흥이 나면 시를 짓고 마음에 드는 남자를 만나면 정을 나누기도 했어. 그러나 여자로서 허전하고 외로운 마음을 견디기는 어려웠단다. 그러다 만난 남자가 명창으로 나라 안에 소문난 이사종이야.

어느 날 황진이가 냇가로 바람을 쐬러 나갔는데, 어디선가 사내의 노랫소리가 들려왔어. 황진이는 그가 이사종인 것을 알고 만나기를 원했어. 두 사람은 첫눈에 마음이 맞았지.

황진이는 그를 자기 집에 며칠 머무르게 하면서 말을 꺼냈어.

"저는 당신과 6년을 같이 살겠습니다. 3년은 당신 집에 가서 부모를 모시고 처와 아이들을 보살피며 생활비도 제가 대겠습니다. 대신 3년은 당신이 저희 집에 들어와 살아 주십시오."

황진이가 박연폭포에서 떨어진 낙숫물에 머리카락을 적셔 시를 썼다고 전하는 용바위

이사종도 그 말에 동의하여 3년씩 번갈아 가면서 살았대. 그리고 약속한 6년이 되자 황진이는 작별 인사를 하고 떠났단다. 말하자면 결혼이 아닌 계약 동거로 살았던 거야. 당시는 남녀가 성인이 되면 결혼하고 자식을 낳고 사는 것이 당연하다고 생각하던 시대였어. 그런 시대에 결혼이 아닌 계약 동거라니! 그런 황진이의 행동은, 결혼 풍습을 어지럽혀 나라를 위태롭게 하는 행위로 몰려 감옥에 갇히거나 곤장을 맞을 수도 있는, 아주 파격적인 행동이었지.

황진이는 새로운 것에 늘 도전하고자 한 거야. 하지만 그녀가 아무리 몸부림쳐도 타고난 신분이 천민이고 기생이었어. 학식이 높아도 사대부가 될 수 없었고 미모가 뛰어나도 사대부의 부인이 될 수 없었던 거야.

황진이는 평생 가슴 속에 한을 품고 살다가 이런 유언을 남겼어.

"나는 천하 남자들을 위해 내 자신을 사랑하지 못하다가 여기에 이르렀다. 내가 죽거든 이불도 관도 쓰지 말고, 옛 동문 밖 물가 모래에 시신을 내버려서 개미나 여우가 내 살을 뜯어먹어 세상 여자들에게 교훈으로 삼도록 해주오."

사람들은 그녀의 유언대로 장사를 치러 주었단다.

황진이, 그녀는 보다 넓고 자유로운 세상에서 훨훨 날고 싶었던 예술인이었어.

여자 신선이라 불린 천재 시인
허난설헌 (1563~1589)

어릴 때부터 시를 잘 지어 신동이라고 불린 여성. 대학자의 집안에서 태어나 학문을 쌓은 여성. 하지만 남녀 차별이 엄격한 명문가에 시집을 가, 불행한 결혼 생활 속에 두 자녀를 잃은 슬픈 여성. 신선이 사는 세계를 그리며 아픔을 견딘 여성. 잘못된 사회와 여성의 굴레를 가슴 아파한 여성. 죽은 뒤 비로소 널리 알려진 여성, 허난설헌.

경전을 배우며 시를 짓는 여자 신동

　허난설헌은 1563년에 강원도 강릉 초당에서 아버지 허엽과 어머니 강릉 김씨 사이의 셋째 딸로 태어났어. 어릴 때 이름은 초희였고, '난설헌'이라는 호는 스스로 지었단다. 아버지 허엽을 비롯한 오빠들과 남동생 모두가 학식과 문장이 뛰어난 집안이었어.

　난설헌은 어려서부터 총명하여 오빠들이 공부할 때면 자꾸 기웃거리곤 했대. 그래서 둘째 오빠인 허봉이 아버지께 말씀드렸지.

　"초희가 비록 여자이지만 머리가 비상하니 공부를 시키는 것이 좋겠어요. 어린데도 벌써 글자를 쓰는 것 같아요."

　"하지만 여자가 글공부를 해서 무엇에 쓰겠느냐? 과거 시험을 볼 것도 아니고, 시까지 짓는다고 하면 기생이나 할 짓이라 여기지 않겠느냐?"

강원도 강릉에 있는 허난설헌 생가

"제가 보기에 재주를 썩히기에는 너무 아까운 아이입니다. 그리고 막내 동생 균이도 초희와 함께 가르치면 좋을 것 같아요."

열두 살 위인 둘째 오빠가 적극 배려해서 난설헌은 허균과 같이 공부했단다. 허난설헌은 용모도 빼어난 데다 다정다감하고 글재주가 뛰어났어. 이 시절이 그녀에게는 짧은 일생 중 가장 행복한 때였단다.

특히 그녀의 둘째 오빠는 그녀에게 정신적인 버팀목이었을 뿐만 아니라 그녀의 능력을 아끼고 키워 주었어. 그녀가 당시 최고의 시인으로 알려져 있던 이달을 스승으로 소개받은 것도 둘째 오빠가 도와주었기 때문이야.

아울러 도교에 심취한 집안의 영향을 받은 때문인지 난설헌은 도교와 관련된 책을 많이 읽었단다. 그래서일까? 그녀가 지은 시는 대부분 자유

허난설헌이 그린 〈앙간비금도〉

분방하고 신선들이 사는 세계를 동경했어. 일곱 살 때 신선 세계를 다룬 시를 지어 여자 신동이라고 불릴 정도였대.

> 맑은 가을 호수는 옥인 양 새파란데
> 연꽃 무성한 곳에 목란 배를 매었네.
> 물 건너 임 만나 연밥 따서 던지고는
> 행여 남이 알까 반나절 부끄러웠네.

이 시는 난설헌이 어릴 때 쓴 〈연밥 따는 아가씨〉야. 그녀의 솔직하고 적극적인 성격이 잘 담겨 있지. 그러나 난설헌은 열다섯 살에 김성립에게 시집가면서 불행이 시작되었어.

신분 제도와 남녀 차별을 비판하다

난설헌은 결혼 초부터 혼자 남편을 기다리며 외로움과 설움을 뼈저리게 느꼈어. 그리고 그 슬픔을 시로 써 내려갔지. 그러다 생각해 보니 자신이 겪는 불행이 여자에게 불평등한 사회 때문이라는 사실을 깨달았지. 남자에게는 모든 것이 허용되고 여자에게는 하지 말아야 할 것만 강요하는 시대였거든.

허난설헌

아울러 가난한 백성과 여자들의 삶에 도 관심을 가졌어. 그들도 자신과 똑같이 잘못된 사회 제도 때문에 고통받고 있다고 느꼈던 거야. 그녀의 시 〈느낀 대로〉에는 그런 심정이 그대로 담겨 있단다.

> 양반 댁의 세도가 불길처럼 드세고
> 높은 다락에서 풍악 소리 울릴 때
> 북쪽 이웃들은 가난으로 헐벗어
> 주린 배 안고 오두막에 쓰러졌네.

난설헌은 여자들의 삶에도 관심을 기울였고, 그런 시를 남기기도 했어. 그 중에서 〈가난한 여인의 노래〉라는 시의 일부를 들여다볼까?

밤늦도록 쉬지 않고 베를 짜건만
베틀 소리만 차갑게 울리는구나.
베틀에는 베 한 필 짜였건만
어느 누가 이 옷을 입을 일인가?

가난한 집안에서 태어난 여자는 용모가 예쁘고 바느질 솜씨가 좋아도 결혼하기 어렵고, 밤새 베를 짜서 남을 위해 옷을 짓지만 자기는 해마다 혼자 산다는 내용이 담겨 있어. 가난한 백성과 여성들의 고달픈 현실이 바로 불평등한 제도 때문이라고 비판한 거야.

조선의 여류 시인들 중 이처럼 비판적인 사회의식을 지닌 사람은 거의 없었어. 여인은 집안일에만 종사해야 한다고 생각하는 시대에 태어난 것이 난설헌에게 크나큰 불운이었지.

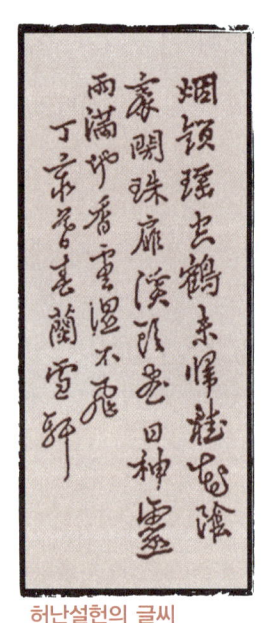

허난설헌의 글씨

불행한 삶 속에서 신선을 꿈꾸다

난설헌이 시집을 간 안동 김씨 집안은 명문이었지만 남편 김성립은 과거 시험에 계속 떨어졌어. 게다가 학식과 인품은 물론 인물도 볼품이 없었다는구나.

당시에는 결혼할 때 집안 배경을 따지던 때라 집안을 보고 결정했던 거야. 그러나 김성립은 남편감으로는 여러 면에서 모자랐을 뿐만 아니라 학식과 재주가 뛰어난 난설헌에게 열등감까지 느꼈어. 그의 친구들조차 그와 난설헌을 비교하며 놀려 대는 일도 있었거든.

그래서 그는 신혼 때부터 과거 공부를 핑계로 밖으로 나돌며 기생집에서 술 마시다 외박을 하는 일이 많았대. 어린 신부는 외로운 나날을 보내야만 했지. 난설헌은 그런 상황을 한탄하면서 "누가 술 취해 말 위에 탔는가? 흰 모자 거꾸로 쓰고 비켜 탄 그 꼴"이라는 말로 남편에 대한 원망을 표현하기도 했단다.

그런데 시어머니는 과거 시험에 떨어진 아들이 밖으로만 나돌아 다니는 것이 며느리 때문이라고 여겼어. 잘난 며느리 탓에 자기 아들의 앞길이 막혔다고 생각한 거야. 그런 시어머니의 눈에 틈만 나면 책을 읽는 며느리가 곱게 보일 리 없었지.

난설헌은 후원 별당에서 따로 살았어. 남편에게 버림받고 시어머니의 구박을 받으며 점점 외톨이가 되자 그녀는 외로움과 절망감이 커져만 갔단다. 기다림과 원망과 아픔이 가슴에는 멍이 되고 손끝에서는 시가 되었지. 난설헌은 밤마다 남편 없는 방을 혼자 지키며 수를 놓듯이 시를 썼어.

그렇다면 난설헌이 힘들어 할 때 그녀를 그토록 아끼던 친정 집안은 왜 그녀를 도와주지 못했을까? 그녀가 열여덟 살 되던 해에 아버지가 돌아가시고 연이어 어머니마저 세상을 뜨셨단다. 얼마 뒤에는 가장 의지하던 둘째 오빠마저 정치적인 문제로 귀양을 갔어. 그렇게 집안이 어려워지면서 난설헌을 옆에서 보듬어 줄 수 없었던 거란다.

그녀는 세 가지 한이 있었어. 첫째는 넓은 세상 중에서도 조선에 태어난 것이고, 둘째는 여자로 태어난 것이며, 셋째는 많은 남자들 중에서도 유독 김성립의 아내가 된 거였대. 만약에 난설헌이 자신의 재능을 알아주

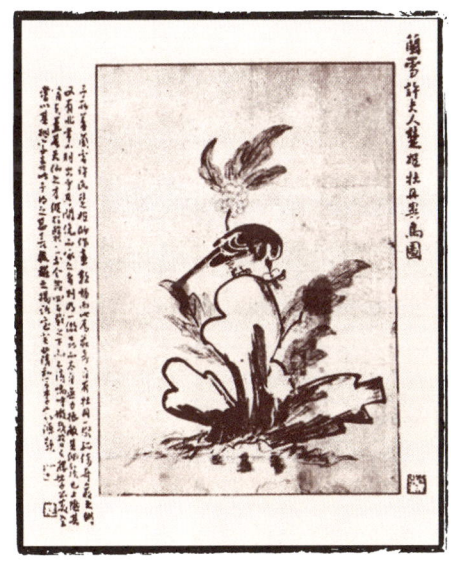

허난설헌이 그린 〈묵조도〉

고 자상하게 도와주는 남편을 만났다면 그녀의 삶과 시는 엄청 달라졌을 거야. 당시에도 아내의 학문과 재주를 인정하고 이해해 주는 선비들은 있었거든.

난설헌이 그나마 의지할 곳은 두 아이뿐이었지. 그런데 두 아이마저 연달아 죽고 말았대. 그녀는 통곡하며 자식을 애도하는 시를 지었어.

사시나무 가지에 바람이 쓸쓸하고
숲 속에서는 도깨비불 반짝이는데,
지전을 뿌려 너희 혼을 부르고
너희 무덤에 술잔을 붓노라.
……
하염없이 슬픈 노래를 부르며
피눈물 울음을 속으로 삼키리라.

허난설헌의 두 자녀 무덤

난설헌은 슬픔과 고통이 반복되는 속에서도 계속 시를 썼어. 그때마다 늘 머리에 꽃으로 장식한 화관을 쓰고 향로 앞에 앉아 있어서 그 모습이 귀양 온 여자 신선 같았대. 그녀가 남긴 200편에 이르는 시들 중 100편 이상이 신선 세계를 그리워하는 내용이야.

화관 쓰고 꽃 망토에 아홉 폭 무지개 치마 차려 입으니
한 가락 피리 소리가 푸른 구름 사이에서 울리는구나.

나처럼 불행한 사람이 없도록 하라

난설헌에게 이 세상은 유배지와 같이 비참하고 쓸쓸한 곳이었지. 1589년 어느 날 난설헌은 정갈하게 몸을 씻고 새 옷으로 갈아입고 집안사람들에게 이렇게 말했어.

"올해가 3·9 수라. 연꽃이 서리에 맞아 붉게 되었으니 내가 죽을 날이다. 내가 지은 시들은 모두 불태워 없애 버려 나처럼 불행해지는 여인이 다시는 나타나지 않도록 하여라."

3과 9를 곱한 수가 27이니 그때 허난설헌의 나이 스물일곱이었어. 그렇게도 떠나고 싶었던 이 세상을 조용히 등진 거야. 그녀의 묘는 경기도 광주시 초월면에 있어.

난설헌이 죽고 나서 동생 허균은 《난설헌집》을 편찬했고, 1608년에는

이 문집이 중국에서 출간되면서 많은 사람들에게 널리 알려졌단다. 1711년에는 일본에서도 펴내 애송되었지.

　조선 시대에 가장 빛나는 여성 시인, 허난설헌. 그녀의 삶은 짧았으나 그녀가 쓴 시의 생명력은 오늘날까지 계속되고 있어.

조선의 부흥을 꿈꾼 비운의 세자빈
민회빈 강씨 (1611~1647)

병자호란 뒤 남편과 함께 청나라에 인질로 끌려갔어. 그녀는 타고난 총명함과 적극적인 성격으로 큰돈을 벌고 노예로 팔려 간 수많은 조선 백성을 구해 주었지. 실리에 밝은 그녀는 조선이 부강해지기를 바랐어. 그러나 조선으로 돌아오자마자 남편이 갑자기 죽고, 그녀마저 세자빈에서 쫓겨났고 사약을 받고 말아. 한참 뒤 세자빈의 지위를 다시 찾아 시호를 받은 그녀가 바로 한 많은 삶을 산 민회빈 강씨란다.

말을 타고 청나라 심양에 가다

1636년에 일어난 병자호란은 조선 역사 중 가장 치욕스러운 전쟁이었어. 당시 명나라가 쇠퇴하고, 오랑캐라 여기던 청나라가 세력이 커지더니 대군을 이끌고 조선을 침략했어. 남한산성에서 저항하던 인조는 청나라 태종에게 머리를 조아리며 항복했지.

그 결과 청이 요구한 대로 소현세자와 세자빈 강씨는 인질이 되어 수천리 먼 곳인 심양으로 떠나야만 했어. 볼모로 잡혀 가는 것과 같은 신세였지. 당시 세자빈은 스물일곱 살로, 한 살 아래인 소현세자와 결혼한 지 10년째 되던 해였어.

정든 조선 땅을 떠나 청나라로 끌려간 왕실의 여인, 세자빈 강씨. 그녀는 우의정을 지낸 강석기와 신씨 부인 사이에서 둘째딸로 태어났어.

병자호란 때 조선의 항복을 받아낸 청 태종이 자신의 공덕을 내세우려고 세운 삼전도비

그녀는 어려서부터 인품이 정숙하고 총명하여 사람들로부터 칭송을 받았단다. 그뿐 아니라 활달하고 적극적이어서 웬만한 사내대장부보다 배짱이 컸대.

추운 겨울, 소현세자 일행은 압록강을 건너고 만주 벌판을 지나 두 달 만에 청나라 수도인 심양에 도착했어. 200명 가까운 조선인들은 앞으로 어떻게 될지 불안과 두려움에 떨었지. 언제쯤 다시 조선으로 돌아갈 수 있을까? 그들은 오랑캐 땅에서 살아갈 날이 끔찍하게 여겨졌단다.

드디어 심양 성에 도착하자 청나라 관리들이 일행을 멈추게 했어.

"이곳은 황제가 계신 곳이니 제왕의 부인도 가마를 탈 수 없소. 가마에서 내리시오."

그러자 함께 간 조선 관리들이 조선의 법도를 따지며 반대했어. 그러나 인질로 잡혀 온 처지에 어쩔 도리가 없었지.

시중을 드는 상궁이 강빈에게 다가와 조심스럽게 상황을 알렸어.

"마마, 이를 어쩌면 좋겠습니까? 여기서는 부인들도 말을 타고 가야 한답니다. 차마 말씀 드리기 송구하옵니다."

이 말을 들은 강빈은 아무 망설임 없이 가마에서 내려 당당하게 말 위에 올라탔단다. 조선에서는 상상조차 하기 어려운 일이었지. 조선에서는 지체 높은 왕실 여인이 직접 말을 탄다는 것은 그 자체가 치욕이었거든.

그러나 강빈은 수모를 담담하게 받아들이고, 말을 타고 가면서 새로운 세상을 보았지. 낯선 곳에 대한 두려움보다는 호기심이 더 많았어. '고통을 피할 수 없다면 즐겨라'라는 격언처럼, 강빈은 낯설고 불안한 상황을 낙천적으로 받아들인 거야.

세자 부부가 머문 곳은 궁궐 근처의 숙소인 심양관으로 관소라 불렸는

현재는 아동도서관으로 바뀐 심양관

데, 조선 대사관 같은 곳이었어. 이곳에서 소현세자는 청과 조선 사이의 불편한 업무를 대신하여 처리하고 강빈은 안살림을 맡았지. 그리고 세자 대신 자료를 읽고 고치거나 빼는 등 일처리를 꼼꼼하게 도와주었단다. 소현세자와 강빈은 모든 일을 같이 의논하며 서로를 격려해 주었어. 멀고 먼 낯선 땅에서 세자 부부의 사랑은 더욱 깊어 갔단다.

강빈은 심양관에 모여 사는 200명 가까운 조선인을 돌보기 위해 청나라 관리들과 좋은 관계를 유지했어. 시간이 지나자 차츰 청나라의 사정을 알게 되고 새로운 서양 과학과 문물에도 눈을 뜨게 되었지.

그 무렵 심양관 앞에는 조선인 포로들이 날마다 와서 울부짖었단다. 근처에 조선인 포로를 사고파는 노예 시장이 있었거든. 돈만 있으면 그들은 풀려날 수 있었대. 강빈은 그 광경을 보고 돈을 모았어. 하지만 당장 그들을 구할 방법은 없었지. 그렇게 2년이 흘렀어.

북릉공원
심양 북쪽에 위치한 북릉은 청나라 태조의 능으로, 50여만 명에 이르는 조선인 포로들이 만들었어.

중개무역으로 큰돈을 번 민회빈

강빈은 외롭고 힘든 인질 생활을 눈물이나 흘리며 보내지는 않았단다. 오히려 심양에서 새로운 문물을 배운다면 훗날 크게 도움되리라 여겼어. 소현세자도 마찬가지였지. 소현세자는 과학 지식이 풍부한 아담 샬 신부와 가깝게 지내며 서양의 제도와 천주교에 깊은 관심을 보였단다.

얼마 뒤 청나라의 높은 관리가 강빈에게 은밀히 돈을 보내어 면포, 꿀, 표범 가죽 따위를 조선에서 구해 달라고 부탁했어. 당시 청나라는 명나라와 전쟁중이었고 물품이 부족했기 때문이야. 강빈은 좋은 기회라고 여겼지. 그래서 조선에서 나는 생강, 종이, 약재, 담배 들을 구입하여 청나라 조정에 비싼 값에 팔면서 무역을 시작했단다.

선교사이자 천문학자인 아담 샬

그러던 어느 날 청나라 조정에서 뜻밖의 통보를 했어.

"심양관 사람들에게 지출되는 비용이 적지 않소. 앞으로는 땅을 내어 줄 테니 농사를 지어 스스로 해결하도록 하시오."

심양관에 있던 조선 관리들은 모두 반대했대. 그곳에서 농사를 지으면 영원히 조선 땅을 밟을 수 없을 것이라고 생각했거든. 그러면서도 청의 눈치를 살피기만 했어.

그러나 도전 정신이 강한 강빈은 오히려 돈을 벌 수 있는 기회라고 여겼단다. 청나라는 원래 유목민이라서 농사에 서투르고 수확량도 적었어. 그녀는 조선의 농사법으로 농사를 잘 지으면 큰돈이 될 것이라고 여겼지. 그녀가 예상한 대로 심양관에서 키운 농작물은 청나라 귀족들이 다투어 비싼 값으로 사갔어. 나중에는 채소밭도 경작하자 심양관 대식구를 배불리 먹이고도 큰돈이 모였다는구나.

강빈은 그 동안 모은 돈으로 노예 시장에서 팔려나간 조선인 포로들의 몸값을 지불했어. 그리고 풀려난 조선인들을 고용하여 농사를 짓게 했지.

남탑
남탑이 위치해 있는 이 거리는 조선인 포로를 사고팔던 포로 시장이 열렸던 곳으로, 현재 공원으로 바뀌었어.

그러자 심양에 있는 모든 조선인들이 세자와 세자빈을 존경하며 따랐단다.

이렇듯이 강빈은 경제에 대한 감각이 뛰어났고 백성들의 고달픔을 어루만져 주었어. 또한 사람들의 마음을 움직이는 지도력이 있었지. 만약 소현세자가 왕이 되었더라면 유능한 왕비로 내조를 하여 조선은 새롭게 바뀌었을지도 몰라.

민회빈을 못마땅하게 여긴 시아버지

하지만 인조는 세자빈이 앞장서서 심양관을 운영한다는 사실이 못마땅했어. 《조선왕조실록》에는 이렇게 기록되어 있거든.

"포로로 잡혀 간 조선 사람들을 모아 농토를 경작해서 곡식을 쌓아 두고는 그것으로 신기한 물품을 사고 무역하느라 관소의 문이 시장 같았으

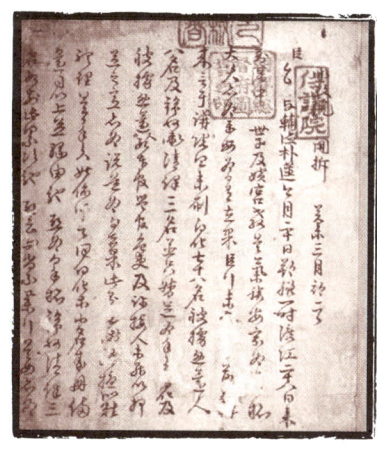

소현세자가 심양에 볼모로 가 있는 동안 그를 수행한 신하들이 인조에게 보낸 글을 모은 《심양장계》

므로 임금이 그 사실을 듣고 불평스럽게 여겼다."

인조는 심양에서 보내온 보고서를 받고 몹시 불쾌했어. 아비인 임금이 오랑캐에게 치욕을 당했는데 세자와 세자빈이 청나라 조정에 붙어 재물이나 욕심내는 것 같아 괘씸했을 거야. 《조선왕조실록》에는 인조의 심정이 그대로 나타나 있어.

"세자가 학문을 폐지하다시피 하고, 무예를 하는 자와 노비들을 가까이 하며, 눈에 보이는 이익만을 추구하고, 서양 문물에 빠지는 등 많은 잘못을 저지르는 것은 대개 세자빈 탓이다."

백성을 위하여 조선 왕조를 부흥시키려는 꿈에 부풀었던 세자 부부와 달리 인조를 비롯한 조정 대신들은 우물 안 개구리 같았지. 백성과 나라

소현세자와 민회빈이 혼례를 올린 곳인 숭정전(경희궁 안)

를 위한다는 임금이나 조정 대신들이 모여 권력 다툼이나 하니 나라 밖 세상이 어떻게 변하는지 알 길이 없었겠지.

망해 가는 명나라를 숭배하고 청나라를 오랑캐라 배척한 인조에게 세자와 세자빈은 눈엣가시 같은 존재가 되어 갔어. 그리고 새로운 조선을 꿈꾸던 소현세자와 강빈의 꿈은 비극으로 바뀌고 말아.

1643년, 세자빈의 아버지 강석기가 세상을 뜨자 소현세자와 강빈은 잠시 조선에 귀국했단다. 그러나 인조는 강빈이 친정에 가는 것을 허락하지 않았고, 병으로 누운 어머니도 만나지 못하게 했대. 그녀는 울면서 심양으로 돌아가야 했단다. 이처럼 인조는 며느리에게 지나칠 만큼 가혹하게 대했단다.

당시 인조는 왕권에 불안감을 느끼고 있었어. 본디 인조는 왕위 계승 원칙에 따라 왕이 된 것이 아니야. 광해군의 정치에 반대한 신하들이 광해군을 내쫓고 그에게 왕위를 주었던 거야. 그래서 늘 자신도 왕위를 빼앗길까 두려웠대. 그런 중에 청나라 태종이 인조를 지칭해서 말한 것을 들었어.

"만일 그대에게 뜻하지 않은 일이 발생하면 짐이 인질로 삼은 아들을 왕으로 세울 것이다."

게다가 청나라 태종이 소현세자를 조선 왕의 대리인처럼 여긴다는 말을 듣고 분노와 불안감에 떨었을 거야. 인조는 날이 갈수록 세자 부부를 미워했단다.

남편의 죽음과 집안의 몰락

9년 만에 소현세자와 강빈 일행은 그토록 고대하던 조선으로 돌아왔단다. 1645년의 일이었지. 그러나 인조와 조정의 신하들은 세자 부부를 싸늘한 눈길로 대했대. 특히 인조는 소현세자가 갖고 온 기구와 천주교 서적 등을 보고 크게 화냈어. 소현세자를 향해 벼루를 던졌다는 말도 있대.

그런데 귀국한 뒤 소현세자가 갑자기 병이 나 며칠 만에 숨을 거두었단다. 강빈은 하늘이 무너지는 것 같았지. 그리고 불길한 느낌이 들었어.

세자가 죽은 모습을 본 사람들은 깜짝 놀랐대. 강빈은 어명 때문에 보지도 못했는데, 세자의 주검을 본 사람이 그녀에게 이렇게 전했어.

"온몸이 전부 검은빛이고 얼굴의 일곱 구멍에서 모두 피가 흘러 나왔습니다. 얼굴이 곁에 있는 사람도 알아볼 수 없을 정도여서 약물에 중독되어 죽은 사람 같았습니다."

소현세자

소현세자의 죽음을 둘러싸고 조정에서는 말이 많았지. 그러나 어찌된 일인지 인조는 사건을 조사하는 것도 거부한 채 장례식도 서둘렀어. 자신의 맏아들이 갑자기 죽었는데 슬퍼하지도 않았어. 권력 앞에서는 부모 자식도 없다고 하는데, 인조가 그런 경우였나 봐.

인조는 소현세자가 죽자마자 기다렸다는 듯 둘째 아들인 봉림대군을 세자로 책봉했어. 소현세자의 맏아들인 원손이 세손으로 책봉되는 것이 당연했음에도 불구하고 말이야. 인조는 일찍부터 소현세자에게 왕위를 잇게 할 생각이 없었던 거야.

머리가 명석했던 강빈은 남편이 죽은 것은 누군가 그에게 독약을 먹였기 때문이라고 짐작했어. 그리고 머지않아 자신과 친정 식구들도 무사하지 못할 거라고 여겼단다. 인조 역시 명석하고 생각이 깊은 강빈을 살려 둘 수가 없었을 거야. 얼마 뒤 인조의 후궁이 강빈을 모함하자 인조는 강빈의 친정 형제들을 바로 유배 보냈단다.

이 나라는 누구를 위한 나라인가?

강빈은 원통하고 억울한 심정을 참을 수가 없었을 거야. 그 길로 인조의 거처 앞에 가서 머리를 풀어 헤치고 통곡했어. 그리고 아침저녁으로 임금에게 올리는 문안 인사도 하지 않았지. 왕실 법도로는 있을 수 없는 일이었지. 인조의 노여움은 타오르는 불길같이 걷잡을 수 없었어.

인조가 병자호란 이후 거처했던 양화당(창경궁 안)

강빈은 이미 죽음을 각오하고 있었기 때문에 두려움 같은 것은 없었어. 먼 이국땅에서 수많은 일을 겪었으면서도 많은 백성을 구하고 고난을 기회로 삼았던 강인함이 그녀를 더욱 강하게 만든 거야. 강빈은 생각해 보니 지난 9년이 차라리 행복했다는 생각이 들었어. 그 먼 곳에 가서 눈칫밥을 먹으며 백성들과 살겠다고 발버둥 쳤건만……. 조선이란 나라는 도대체 누구를 위한 나라란 말인가! 그녀는 원통함을 씻을 길이 없었단다.

그러던 어느 날 인조는 자기 밥상에 누군가 독을 넣었다며 난리를 쳤어. 그리고 그 장본인으로 세자빈을 지목하고 후원에 가두라고 명했단다. 후원에 감금된 지 얼마 지나지 않아 강빈은 세자빈 자리에서 쫓겨나고 친정으로 돌아갔어. 그리고 그날 사약을 받고 말았단다.

인조는 교지를 내려서 강빈의 죄를 이렇게 밝혔어.

"강빈이 심양에 있을 때 은밀히 왕위를 바꾸려고 도모하면서 중전의 칭호를 멋대로 사용했다. …… 임금을 해치고자 하는 자는 천지에서 하루도 목숨을 부지하게 할 수 없으니 해당 부서에서 보고를 올려 처리하게 하라."

하지만 그것은 사실이 아니었어.

강빈은 서른여섯 살에 피눈물을 흘리며 세상을 떠났어. 또한 인조는 자신의 어린 친손자 세 명을 모두 귀양 보내 죽게 했단다.

그 뒤 강빈의 억울한 죽음에 대해 선비들이 계속 상소를 올렸고, 마침내 그녀가 죽은 지 73년이 지나 숙종이 그녀의 신분을 되살려 주었어. 그리고 그녀의 명예를 되살려 주기 위해 '민회빈'이라는 시호를 내렸단다. 시호란 신분이나 학문이 높은 사람이 죽었을 때 그의 공덕을 칭송하여 붙인 이름을 말해.

영회원

민회빈 강씨의 묘는 경기도 광명시 영회원에 있어.

민회빈 강씨는 누구보다도 백성을 아끼고 새로운 조선을 꿈꾼 여성이었어. 하지만 그녀가 살았던 조선이라는 나라는 너무나 작고 힘이 없었던 거야. 그리고 민회빈 강씨 스스로 자신의 꿈을 펼치기에는 시아버지 인조의 탄압이 너무 심했어. 옛말에 '며느리 사랑은 시아버지'라는 말이 있는데, 왕권을 유지하는 데에만 혈안이었던 인조에게 사랑을 기대하기는 무리였나 봐.

만약에 소현세자가 죽지 않고 인조의 뒤를 이어 왕이 되었더라면 민회빈 강씨의 운명은 어떻게 달라졌을까? 아마도 중국에서 보고 배운 새로운 문물로 새로운 조선을 만드는 데 큰 힘을 보태지 않았을까? 서양의 문물을 일찍 받아들여 훨씬 빨리 부강한 나라를 만들 수도 있지 않았을까? 그것이 바로 우리가 민회빈 강씨의 죽음을 안타까워하는 까닭이기도 해.

자유로운 세상을 바란 여자 선비
김호연재 (1681~1722)

'넓고 거침없이 살고 싶은 사람이 사는 곳', 그렇게 살려고 했고, 누구보다 치열했던 김호연재. 그녀는 숙종과 경종 시대에 산 여성 문인이야. 자유로운 분위기에서 성장했고 시도 잘 지었지만 결혼한 뒤에는 자유분방한 남편 대신 집안을 이끌었어. 여성들에게 자신의 마음을 닦을 것을 가르치면서도 남편의 도리도 강조하는 등 남성 중심의 사회를 비판했지. 그녀가 엮은 문집은 당시 여성들에게 널리 읽혔단다.

시를 즐기는 집안에서 자라다

1681년, 김호연재는 아버지 김성달과 어머니 연안 이씨 사이에서 막내딸로 태어났어. 호연재의 어머니는 당대 이름난 집안에서 태어나 시를 좋아하는 부모 밑에서 공부를 하며 자랐지. 아버지 김성달의 집안도 문장으로 유명한 명문이었단다. 그러나 아버지는 벼슬에는 큰 관심이 없었어.

호연재는 한양에서 태어났으나 다섯 살이 되자 충청도 홍성으로 모두 이사를 갔고 그곳에서 단란하게 지냈어.

호연재의 부모는 서로 시를 주고받으며 바둑도 같이 둘 만큼 부부 사이가 좋았어. 그런 영향을 받아 4남 3녀의 남매도 모두 시를 지으며 어울렸단다. 서로 시를 지어 주고받으며 책도 만들었대. 호연재는 어려서부터 영특하여 가족의 사랑을 듬뿍 받았지. 그런데 열다섯 살에 부모가 돌아가

김호연재 시비

셨고, 그 뒤로 형제간의 우애는 더욱 깊어졌어.

유복한 집안에서 자유롭게 책을 읽고 시를 지으며 자란 호연재는 당당하고 거리낌이 없었어. 그래서 호연재가 중년에 지은 시는 사내대장부의 기상마저 느껴진단다. 어린 시절에 지닌 활달함이 다시 살아난 듯하지. 〈술에 취해 쓰다〉라는 시를 볼까?

취한 뒤에는 하늘과 땅이 드넓고
마음을 여니 모든 일이 태평하구나.
고요히 돗자리 위에 누웠으니
잠시 세상의 욕심을 잊고 즐길 뿐.

제목에서 보듯이 어느 날 얼큰하게 술을 한 잔 마시고 쓴 시인가 봐.

자유로운 세상을 바란 여자 선비 김호연재 * 115

그러나 호연재의 자유롭고 행복한 시절은 결혼과 함께 끝나고 말았어.

외로운 삶 속에서 의리를 지키다

열아홉 살이 된 호연재는 송시열 자손에게 시집을 갔어. 김씨 집안과 송씨 집안은 서로 인연이 깊었고 이름난 집안끼리 한 혼사였단다. 그런데 송씨 집안은 여성의 규범을 엄격하게 따지는 분위기였대.

호연재의 남편 송요화는 자유분방한데다가 과거 시험에 계속 떨어지자 평생을 집에서 떠나 지냈단다. 호연재가 시집오기 전에 시아버지는 이미 세상을 떠났어. 그리고 시어머니는 송요화의 큰형과 함께 살았지. 그러니

동춘당
대전시 동춘당공원 내에 있는 이곳은 조선 시대 대사헌 등을 지낸 송준길의 별당이야. 김호연재는 송준길의 증손자인 송요화 대신 이 고택을 지켰어.

호연재는 신혼 시절부터 홀로 종갓집을 지켜야 했지. 더구나 30여 명이나 되는 노비를 데리고 큰살림을 꾸려야 했어. 그러니 호연재의 가슴에 근심과 한탄이 쌓일 수밖에 없었어.

그러나 그녀는 좌절하지는 않았단다. 이름난 집안의 딸이라는 자존심과 독립적인 기질로 많은 노비들을 다스리며 집안의 크고 작은 일을 꼼꼼히 챙겼지.

살림은 넉넉했어. 하지만 흉년이 들거나 초상을 치르거나 결혼을 비롯한 경사가 많은 해에는 곡식이 모자랐대. 그럴 때면 친정 오빠나 시아주버니에게 편지를 보내어 곡식을 빌리기도 했다는구나.

그나마 힘들고 고달픈 생활 속에서 그녀가 의지한 사람은 시댁의 작은아버지이신 송병익이었어. 그런데 호연재가 서른여덟 살 되던 해에 여러 지방에서 전염병이 발생했고 결국 송병익은 전염병으로 죽고 말았단다.

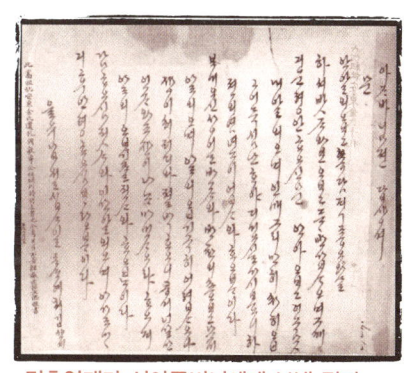

김호연재가 시아주버니에게 보낸 편지

호연재는 그 소식을 듣고 몹시 슬퍼하며 말했어.

"죽은 원인이 전염병으로 알려졌으니 누가 선뜻 시신을 보살피겠는가? 만일 이때에 사랑하고 아껴 주신 은혜에 보답하지 않으면 다시 어느 날을 기다리겠는가?"

모두들 병이 옮을까 두려워 시체 가까이 가지 않았어. 그런데 호연재는 시신이 있는 천막으로 달려가 직접 의복을 살피고 시신을 닦아 삼베로 묶었단다. 송병익의 가족들을 위해 미음과 죽을 만들기도 했고.

　전염병으로 집집마다 줄초상이 나는 상황에서도 호연재는 태연히 일을 마쳤어. 모두들 입을 모아 감탄했지. 호연재는 여자이지만 의리를 지키는 것이 사람의 도리라고 여겼던 거야.

　호연재의 자손은 그녀를 이렇게 기억했어.

　"성품이 맑고 순수하고 결백하셨다. 어려서부터 효성과 우애가 두텁고 큰 의리에 통달하셨다. 인자하고 공손하며 검소하여 온정을 베푸셨다. …… 사람들에게 감동을 주어 변하게 하셨다."

여성에게만 강요하는 세상을 비판하다

　그러나 시집 식구들과 그다지 좋은 관계는 아니었어. 여성의 규범만 강조하는 송씨 집안과 호연재의 기질이 달랐기 때문이야.

　호연재가 죽기 1년 전 아들에게 남긴 시에는 그녀의 솔직한 심정이 담겨져 있어.

　"평생 스스로 속물적인 기운은 없었으니 너희 집안과는 기쁘지 않은 것이 많았다."

　호연재는 어지러운 세상 속에서 명예나 재물을 탐내지도, 가문의 덕을

입지도 않았어. 외롭고 고단한 시집살이 속에서도 선비처럼 고결한 마음을 지니려고 애썼던 거야. 하지만 끊임없이 바라고 요구하는 시집의 친척들에게 그녀도 분통이 터졌어. 그들을 '짐승의 무리'라고 하며 "불꽃이 창자 안에서 들끓을 정도"라고 표현했을 정도야. 얼마나 답답했으면 그런 말을 했을까?

호연재가 어린 시절을 보냈던 친정과는 너무나 다른 현실이었어. 남편은 얼굴 한 번 보기 힘들고, 혼자 큰살림을 책임지는데 시집 식구들은 도와주지도 않으면서 이런저런 험담이나 하니 하루도 편할 날이 없었지.

여자에게만 강요하는 유교 규범에 맞서 호연재는 자신의 주장을 글로 남겼어. 그것이 《자경편》이야. 이 책의 제목은 '자기 스스로를 경계한다'는 뜻인데, 남녀 차별을 반박하는 내용이 많아.

조선 시대에는 여자들에게 유교 규범을 가르치기 위한 교훈서가 많이 있었어. 그 내용은 거의 여자가 해야 할 의무와 책임을 강조한 것들이었지. 남자는 귀하고 여자는 천한 존재라는 생각에서였지. 그래서 결혼한 부부라도 사대부 남자들은 첩을 두는 것을 당연하게 생각했어. 그러면서도 여자에게는 남편과 남편의 가족에게 모든 것을 바쳐야 한

외출복인 장옷을 입은 조선 시대 여성들

다고 강요했단다. 그래서 교육을 받고 책을 많이 읽은 여성들은 남녀 차별이 옳지 않다고 주장했던 거야.

사람 된 도리에 남녀 구별은 없다

호연재의 《자경편》은 교훈서이지만 여성의 입장에서 자기 경험을 썼기 때문에 많이 읽혔어. 내용은 주로 사람으로서 지켜야 할 도리나 윤리, 부부 관계, 부모 모시기, 시집 친척들과의 관계를 다루었단다.

호연재는 사람 된 도리를 지키려면 여자도 배워야 한다고 주장했단다. 또한 부부 사이에 남편이 나를 저버린다면 구차하게 매달리지 않겠다고 했어.

아내가 남편의 사랑을 받지 못하면 눈물로 나날을 보내면서 한탄하기 쉽지. 하지만 호연재는 그럴수록 스스로 인격을 닦으며 살겠다고 다짐했단다. 그만큼 그녀는 자존심과 독립심이 강했고 자신이 귀하고 높은 집안의 자식이라는 자부심도 컸어.

시집 식구들에게 시달림을 받은 탓에 호연재는 자신의 할 도리는 다하고 남들에게 흠이 되는 일을 조심하며 마음을 다스리라고 했어.

《자경편》에서 가장 눈에 띄는 부분은 첩에 관한 내용이야. 이 글에서 호연재는 부인이 남편의 다른 여자를 질투하는 것은 부끄러운 일이라고 했어. 하지만 질투하게 된 가장 큰 원인은 남편의 옳지 못한 행실에 있다고 했지. 남편이 부인을 두고 다른 여자와 노는 것을 인륜에 어긋난다고 강조했어. 아마 자신이 쓰라린 경험을 통해 느꼈기 때문일 거야. 그러나 첩과 만나야 할 때는 사사로운 감정을 누르고 본부인으로서 할 일을 다 해야 한다고 가르쳤어.

호연재는 서른 살이 넘자 생활도 안정되고 집안에서 인정도 받았단다. 친정 식구들도 가끔씩 찾아오고 행동도 자유로워졌어. 그만큼 호연재의 노력과 눈물의 세월이 있었던 거지. 호연재의 일생에 즐거운 한때가 시작된 것은 이 무렵이야.

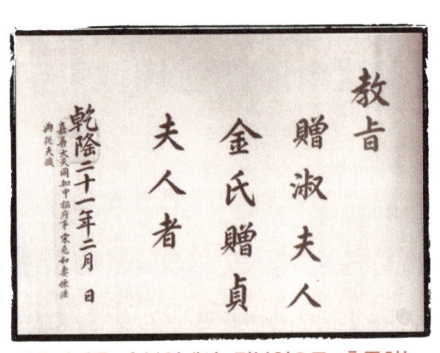

김호연재를 숙부인에서 정부인으로 추증하는 교지

시집의 조카들이 호연재의 학문을 존경하여 주변에 몰려들었어. 호연재는 이들과 명승지도 다니고 시도 지으며 학문에 대해 토론했단다. 모처럼 옛날 친정에서 지내던 시절이 돌아온 것만 같았지. 하지만 그 시절도 길지 않았어. 젊은 조카들이 때가 되자 과거 시험을 보고 관직으로 나아갔거든. 그럴 때마다 호연재는 여자로 태어난 것을 한스럽게 여기며 시를 지었어.

깊은 안방의 아녀자로서 사랑을 얻지 못했으니

세상을 구하고 백성을 편하게 구할 수 있으랴?

　호연재는 자신에게 주어진 현실에 최선을 다하면서도 여자로서, 한 인간으로서 자존심만은 지키고자 했어. 그래서 남녀를 차별하는 당시 사회를 비판하며, 남편도 부부로서 도리를 지켜야 한다고 가르쳤던 거야.

　이처럼 김호연재는 자신의 고달픈 삶 속에서도 수준 높은 인격을 완성했던 여자 선비였어.

성인이 되고자 한 여성 성리학자
임윤지당 (1721~1793)

임윤지당은 조선 최고의 여성 지식인이었어. 어릴 때부터 유교 경전과 역사책을 공부했고 집안일을 챙기면서도 여자다움을 잃지 않았어. 여성도 남자들처럼 배워야 한다고 주장했고, 인격을 가꾸면 성인에 이를 수 있다고 했지. 집안사람들의 죽음 등 잇단 불행을 겪으면서도 인격을 완성하는 데 힘써 많은 이들에게 존경을 받았단다.

열심히 공부하며 성인을 꿈꾸다

임윤지당은 영조 시대인 1721년에 임적과 윤씨 부인 사이에서 5남 2녀 중 둘째 딸로 태어났단다.

아버지 임적을 비롯한 오빠들은 당대에 이름난 성리학자였지. 성리학이란 조선 시대에 양반들이 반드시 배운 우주 자연과 인간에 대해 연구하는 학문이야.

"네가 대장부로 태어나지 않은 게 한스럽구나."

윤지당은 어려서부터 오빠들과 같이 공부했는데, 모두들 이렇게 말할 만큼 실력이 뛰어났어. 하루 일과가 끝나는 밤이면 소리를 낮추어 책을 읽는데, 얼마나 열심히 하는지 옆에서 보면 종이가 뚫어질 것 같았다고 해.

당시 사대부들은 이렇게 생각했어.

'부인은 아침저녁으로 계절에 따라 제사와 손님 접대를 받드는 게 중요한데 어느 겨를에 책을 읽고 외우겠는가?'

이런 시대에 윤지당은 성인들의 가르침을 본받았고 오롯이 살고자 했단다. 그녀가 쓴 편지를 보면 그런 열정을 느낄 수 있어.

조선 후기 화가 윤덕희가 그린 〈책 읽는 여인〉

"나는 어릴 때부터 성리의 학문이 있음을 알았다. 조금 자라서는 고기 맛이 입을 즐겁게 하듯이 학문을 좋아하여 그만두려 해도 할 수 없었다. 이에 감히 아녀자의 분수에 얽매이지 않고, 경전에 기록된 것과 성인과 지혜로운 사람의 가르침을 마음에 두고 깊이 연구했다."

1739년, 윤지당은 당시로서는 늦은 나이인 열아홉 살에 신광유와 결혼했어. 신광유는 강원도 원주의 이름난 집안의 선비로, 그녀보다는 한 살 어렸지. 그런데 결혼한 지 8년이 지났을 때 남편이 스물여섯 살이라는 젊은 나이에 죽자 윤지당은 시어머니와 시동생 가족들과 함께 살았어.

효성이 지극하고 인정이 많았던 윤지당은 여성으로 지켜야 할 법도에도 충실했단다. 심지어 시동생의 부인이 아이를 낳고 고생하자 나흘 밤낮을 간호하며 손수 약과 음식을 만들었대. 물론 타고난 성품이 자상했지만 그녀는 마음을 닦고 인격을 완성하여 성인이 되고자 하는 꿈이 있었기에 사람들을 대할 때도 진심으로 정성을 쏟았단다.

그녀는 여성으로서 크고 작은 집안일을 빈틈없이 챙기면서 틈나는 대로 책을 읽고 글을 썼어. 그리고 여자도 학문을 열심히 하면 성인이 될 수 있다고 생각했단다.

"내 비록 여자이지만 하늘로부터 받은 성품은 남녀가 다르지 않으니 성인을 생각하고 그리워하는 뜻은 간절하다."

윤지당은 남녀 차별을 당연히 여기던 사대부들에게 자기 의견을 당당하게 밝혔던 거야.

"아, 빛난다. 비수여, 나를 부인이라 여기지 마라."

자신의 삶을 비수, 즉 날카로운 칼과 빗댄 이 말에는 여자이지만 학문을 열심히 닦겠다는 의지가 엿보이지 않니?

윤지당은 학식이 높았던 만큼 자기 글에 대한 자부심도 굉장히 강했어. 그래서 이런 말도 했단다.

"내 죽은 뒤에 내가 쓴 글이 장독이나 덮는 종이가 된다면 이 또한 슬픈 일이 될 것이다."

어느 날 조카들과 이야기를 나누다가 윤지당이 물었어.

"오늘 공부는 어떠하냐?"

"날이 더워 견딜 수가 없습니다."

"그러면 부채질을 하느냐?"

"그렇습니다."

"정신을 집중하여 책을 읽으면 가슴 속에서 자연히 서늘한 기운이 생기거늘 어찌 부채질할 필요가 있겠느냐? 너희들이 아직도 헛된 염불만 외우는 셈이구나."

윤지당의 매서운 가르침에 많은 사람들이 존경하고 우러러 보았단다. 그녀는 평생을 학문과 마음을 닦는 일에 노력했어. 그래서 조선 최고의 여성 지식인으로 이름을 남길 수 있었던 거란다.

임금의 잘못을 당당히 비판하다

그녀는 특히 역사에 관심이 많았고 역사적인 인물들에 대한 평을 짓기도 했어. 당시 현실을 누구보다도 정확하게 본 것도 그 때문이야. 아들인 사도세자를 죽인 영조 임금을 폭군에 비유하기도 했어. 사람 된 도리를 저버렸기 때문이야.

또한 임금의 잘못을 보고도 눈치만 보는 신하들을 간신이라고 표현했단다. 폭군과 간신이 나라를 다스려 정치가 혼란해진다는 거였어. 권세와 재물을 추구하는 관리들을 한탄하기도 했지. 이익만 좇으며 나라의 재물을 축내는 것은 비난받을 일이라고 보았던 거야.

윤지당은 인간의 본성을 실천하는 것이 예의라고 생각했어. 그러므로 예의를 실천하고 마음가짐을 올바로 하면 누구나 성인이 될 수 있다고 주장했단다.

영조 때 암행어사로 이름이 높았던 박문수

윤지당은 큰오빠인 임명주와 둘째 오빠 임성주가 죽었을 때 제문을 써서 당시 사대부들을 놀라게 했어. 〈오빠 정언공에게 올리는 제문〉이 바로 그거야. 여기서 정언공은 임명주의 시호란다.

"사람들은 '감정이 북받치면 글이 되지 않는다.'고 하지만 그것은 글로 그 감정을 다 표현할 수 없다는 뜻입니다. 이 여동생은 문장이 졸렬하고 마음이 황폐하여 비통한 마음을 만 분의 1도 표현하지 못합니다."

이 글을 읽은 사대부들은 그녀의 뛰어난 한문 실력에 놀라움을 금치 못했어.

그녀는 정치 현실에 대한 불만을 솔직하게 표현하기도 했어. 특히 왕을 입에 올리는 것조차 어려운 때에 왕의 잘못을 분명하게 비판했단다. 보통 용기가 아니었지. 그처럼 그녀는 옳고 그름에는 단호한 태도를 보였단다.

여성도 스스로 배우고 깨우쳐야 한다

영조 시대에는 남편이 죽으면 과부가 된 부인은 스스로 목숨을 끊어야 열녀로 인정하는 분위기였대. 남편이 죽고 홀로 남은 부인을 미망인이라고 불렀대. 미망인은 '아직 따라 죽지 못한 사람' 이라는 뜻이야. 그러니 과부의 삶은 죽은 것보다 나을 것이 없었지. 윤지당도 과부였어.

하지만 그녀는 이런 현실에서도 자기주장을 당당하게 펼쳤단다.

"죽는 것이 마땅하다면 집에 돌아가듯 하겠지만 그것이 옳지 않다면 운명을 어길 수 없는 것이니 오직 자신을 수양하며 자연의 순리를 따르리

충신, 효녀, 열녀 들을 표창하여 세운 열녀문

라."

　윤지당은 인간의 삶과 죽음이 자연의 법칙이고 운명인데 남편을 따라 목숨을 끊는 것은 옳지 않다고 지적한 거야. 남편을 따라 죽어야 열녀라고 부추기는 사대부 남자들과 정면으로 맞선 거지.

　물론 한때는 그녀도 죽고 싶다고 생각한 적도 있었어. 자신이 데려다 키운 아들이 스물여덟 살에 죽었을 때였어.

　"오장이 무너져 찢어질 것만 같고, 피가 솟아 얼굴에 덮어쓸 것만 같습니다."

　둘째 오빠에게 보낸 편지에서 그녀는 목 놓아 울었어. 그러자 임성주가 답장을 보내어 꾸짖었어.

　"너는 성인의 글을 읽어 사리를 아는데도 외아들을 따라 죽으려 하느냐?"

　윤지당은 인격을 완성하고 도덕적으로 실천하기 위해서는 여성도 교육을 받아야 한다고 여겼어. 당시 사대부들이 부녀자는 공부할 필요가 없다고 하자 그것을 반박한 거지.

　"사람이 자식을 사랑하고도 가르치지 않는 것은 짐승이 새끼를 사랑하는 것과 다를 바 없다."

　이 말 속에는 아들이나 딸이나 자식이기는 마찬가지라는 남녀평등 사상이 담겨 있단다.

　그녀는 학문과 재능 있는 여성들을 존중했지. 그리고 여성도 인간으로

서 윤리를 지키고 의리와 용기도 가져야 한다고 주장했단다.

그 당시에 경상도에서 어떤 어머니와 딸이 비수로 한 남자를 찔러 죽인 사건이 일어났대. 두 모녀는 남편이자 아버지를 죽인 남자에게 원한을 갚기 위해서였대. 이 소식을 듣고 윤지당은 두 여인의 용기를 높이 칭찬했단다.

"아내가 남편의 원수를 갚는 것은 절개를 지키는 것이고, 자식이 아비의 원수를 갚는 것은 효도이다. …… 비록 남자라 하더라도 그들에게 미치지 못할 것이다."

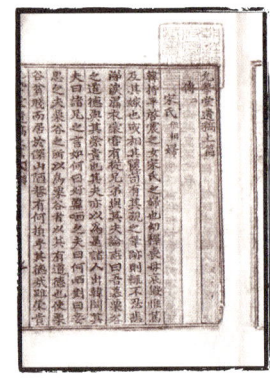

《윤지당 유고》

물론 사람을 죽이는 것은 크나큰 잘못이지. 하지만 조선 시대에는 남자가 부모의 원수를 갚는 것은 당연하게 여겼단다. 그런데 여자가 부모의 원수를 갚는 것, 게다가 남자를 죽인 것에 대해서는 몹쓸 범죄로 몰아붙였어. 윤지당이 살인을 한 두 여인을 두둔한 것은 남자들과 다르게 두 여인이 부당한 차별대우를 받았기 때문이야.

윤지당이 마흔다섯 살이 되었을 때 시어머니가 돌아가셨어. 윤지당은 시가의 웃어른이 되었지. 남들 같으면 남은 삶을 편안하게 즐기려 했겠지만 그녀는 변함이 없었어. 늘 늦은 밤까지 학문에 힘과 열정을 쏟았지.

평생을 학문과 인격을 완성하기 위해 책을 놓지 않았던 윤지당. 그녀는 조선 최고의 학식과 아름다운 행실을 갖춘 여성 지식인이었어.

여인들 중의 군자, 임윤지당

윤지당이 세상을 뜨자 그녀의 글을 모아 《윤지당 유고》라는 책을 엮었는데, 시동생인 신광우가 쓴 그 책의 서문에는 그녀의 행적이 이렇게 적혀 있단다.

"우리 가문에 시집오셨을 때는 책을 가까이하는 기색을 보인 적이 없고, 일상적인 대화에서도 문장에 대해서 말하는 일 없이 오직 부인의 일에만 힘쓸 뿐이었다. 그러나 시부모가 다 돌아가시고 나이가 들어서야 간혹 집안일을 하시다가 여가가 나면 밤이 이슥한 뒤에 보자기에 싸 두었던 책을 낮은 목소리로 읽으셨다. …… 그제야 우리들은 형수의 학문이 남몰래 공부한 결과임을 알게 되었다."

윤지당은 여자가 자유롭게 공부할 수 없었던 시대에 여자로서의 본분을 다하면서 스스로 학문을 터득하여 학자의 경지에 오른 선각자였단다.

그녀가 남긴 학설을 '이기심성설'이라고 해. 주요 내용은 "순수하게 선하고 악이 없는 것은 인간 본래의 성품인데, 여기서 인간이란 남자뿐 아니라 여자도 포함된 것이다. 이 성품을 순수하게 간직하는 것이 '성인'이라면 여자라고 해서 성인이 될 수 없다고 하는 것은 이치에 맞지 않는다."라는 주장이야.

윤지당이 세상을 뜨고 난 뒤에 친동생 임정주는 자신의 누이를 가리켜 '여인들 중의 군자'라고 칭송했단다. 비록 살아생전에 올바른 평가를 받지는 못했지만, 그녀의 학문은 최고 수준이었어. 그것은 그녀가 쓴 글에 나오듯이 "진실로 남이 한 번 노력하면 나는 천 번 노력한다."는 정신으로 노력한 결과였단다.

1793년, 강원도 원주에서 일흔세 살로 눈을 감은 그녀는 현재 원주군 정지안면에 묻혀 있어.

천 명의 목숨을 살린 제주 상인
김만덕 (1739~1812)

어릴 때 전염병으로 부모가 죽자 기생이 되었어. 하지만 스무 살이 넘자 포구에서 장사를 시작했고 타고난 장사 수완과 통솔력으로 많은 재물을 모았어. 쉰일곱 살 되던 해에 제주에 큰 흉년이 들자 자신의 모든 재산을 바쳐 천 명의 목숨을 살렸단다. 이 사실을 안 정조가 그녀의 소원을 들어 주라고 했고, 임금의 극진한 배려와 선비들로부터 칭송을 받았어. 지금도 제주 사람들은 그녀를 기리고 칭송한단다.

기생 생활을 그만두고 장사를 하다

김만덕은 영조 때 제주에서 장사를 하던 김응열의 외동딸로 태어났어. 그런데 당시 전국을 휩쓴 전염병으로 부모가 죽자 두 오빠와 만덕은 뿔뿔이 헤어졌단다.

그녀는 열한 살에 어느 기생의 양녀로 들어갔고 몇 년 뒤에는 기생이 되었어. 하지만 기생 노릇이 싫었던 그녀는 자신이 원래 양인 신분임을 알게 되고, 제주 목사에게 계속 호소하여 기생을 그만둘 수 있었대.

그 뒤 그녀는 홀아비와 혼인했으나 남편이 병으로 죽자 혼자 살기로 결심했지. 미모가 뛰어난 기생들은 대부분 돈 많은 양반의 첩으로 살기를 소원했어. 그러나 그녀는 편안하게 살 수 있는 길을 버리고 혼자 힘으로 자유롭게 살고 싶었어. 그녀가 살던 시대에는 과부나 형편이 어려운 처녀들이 담배, 과일, 잡화 장사를 하며 재물을 모은 경우가 많았거든.

그녀는 작은 밑천으로 할 수 있는 장사로 포구에서 객주를 시작했어. 객주는 상인들의 물품을 맡아서 판매해 주고, 숙소도 제공하며, 물품을 보관하기도 하고, 돈도 빌려주는 일을 말해. 객주는 돈벌이도 잘 되었지만 무엇보다도 세상 돌아가는 사정을 빨리 알 수 있었지.

객주로 활동한 김만덕

그렇게 조금씩 장사에 익숙해지자 그녀는 한라산 중턱을 개간하여 사슴 목장을 만들었어. 정조 때에는 황무지를 개간하는 사람들에게 여러 가지 혜택을 주었단다. 특히 녹용을 비롯한 한약재는 양반들이 비싸게 샀기 때문에 이윤이 많이 남았어.

그밖에도 제주 특산물인 미역, 전복, 표고, 귤 들을 많이 사 두었다가 육지 상인에게 팔았어. 또한 부녀자들의 옷감, 장신구, 화장품도 팔았단다.

제주의 큰 상인이 된 만덕의 정신

그녀는 타고난 장사 수완과 판단력으로 많은 남자들을 부리며 큰 상인으로 성장했어. 여자 혼자 몸으로 억센 남자 상인들과 경쟁한다는 것이 여간한 일이 아니었어. 그만큼 그녀는 남자 못지않은 배짱과 뚝심이 있었던 거야. 그리고 제주 여성 특유의 절약 정신과 개척 정신이 뒷받침했던 거지.

그녀는 재물을 모으자 포구를 중심으로 상권을 독점했어. 정조 때에는 전국에 5일마다 시장이 열리는 곳이 많았고, 특히 포구는 배가 드나들어 자연히 상업의 중심지로 떠올랐지. 그 때문에 상인들은 이익이 많이 남는 포구의 상권을 가지려고 경쟁이 치열했어. 그들 중에서도 그녀는 기생 시절에 사귄 양반들과 친분을 나눈 덕분에 기회를 얻은 거야.

김만덕은 상인으로서 세 가지 원칙을 지키며 돈을 벌었어.

조선 시대에 쓰인 화폐들

첫째, 이익을 적게 남기고 많이 판다는 것이었어. 이는 모두에게 이익이 되는 길이었지.

둘째, 적당한 가격으로 사고판다는 것이었어. 무조건 싸게 사려고 하면 누군가는 손해를 보기 때문이야.

셋째, 정직한 신용을 우선으로 했지. 그녀는 신용이 있으면 돈도 빌려주었어.

그녀는 돈을 많이 버는 것보다는 어떻게 버느냐가 중요하다는 것을 알았어. 그래서 훗날 그녀가 한양에 올라가 지낼 때 어느 부인에게 이런 말을 했단다.

"재물을 잘 쓰는 자는 밥 한 그릇으로도 굶주린 사람의 목숨을 구할 수 있지만 그렇지 않으면 썩은 흙과도 같지요."

아울러 김만덕은 제주의 큰 부자가 된 뒤에도 근검절약하며 살았어. 그녀가 늘 강조하는 말이 있었어.

"풍년에는 흉년을 생각하며 절약하고, 편안히 살 수 있는 사람은 하늘의 은덕에 감사하며, 어렵게 고생하는 사람을 생각하여 검소하게 생

가야금 타는 김만덕

활해야 한다."

이런 정신이 제주 백성 천 명을 살린 거야.

전 재산을 내놓아 천 명을 살리다

정조 때는 전국적으로 가뭄이 계속되었는데, 특히 제주도는 땅이 거칠고 태풍과 바람으로 인해 농작물의 피해가 심했어. 그래서 흉년이 드는 해에는 나라에서 보내 주는 곡식으로 겨우 목숨을 유지할 형편이었어.

1795년, 그 전해에 태풍 피해를 입은 제주는 가뭄에 시달렸단다. 그러자 제주 목사가 조정에 곡식을 보내 줄 것을 요청했지. 그래서 배 열두 척이 2만 섬이 넘는 곡식을 싣고 제주로 떠났어. 그런데 제주 앞바다의 거센 풍랑에 다섯 척이 가라앉고 말았단다. 배가 오기만을 애타게 기다리던 제주 백성들 가운데는 굶어 죽는 사람이 늘어났지. 그대로 있으면 모두가 죽을 지경이었단다.

이때 김만덕은 자신이 평생 모은 전 재산 500석 중 50석은 친척들에게 나누어 주고 나머지 450석을 굶주린 사람들에게 바쳤대. 당시 제주에서 100가마는 육지의 베 천 필과 맞먹을 만큼 엄청난 값이었어.

제주 사람들이 모두 깜짝 놀라고, 곡식을 받은 천 명의 백성들은 모두 노래를 불렀지.

"만덕의 은혜를 입었으며 만덕이 나를 살렸다!"

정조

1796년, 제주 목사가 그녀의 아름다운 선행을 임금인 정조에게 보고했어.

그 이야기를 들은 정조는 크게 감동했어. 일개 기생 출신이 큰 재물을 모으기도 어려운데 전 재산을 선뜻 내놓은 것도 놀라웠던 거야. 《정조실록》에 김만덕의 이야기가 나와 있어.

"제주 기생 만덕이 재물을 풀어서 굶주린 백성을 살렸다고 목사가 보고했다. 이에 상을 내리고자 하니, 만덕은 사양하면서 바다를 건너 한양으로 올라가 금강산 유람하기를 원했다. 정조는 이를 허락하여 고을 수령들이 만덕에게 양식을 대 주도록 했다."

정조, 만덕을 특별히 대하다

당시까지도 제주 백성은 육지로 나오지 못하도록 국법으로 정해져 있었어. 그러나 정조는 국법을 깨고 만덕의 소원을 들어 주었단다. 그리고 그녀가 한양으로 올라간 때가 겨울이라 길을 떠날 수 없자 정조는 특별히 명을 내렸어.

"비록 천민이지만 옛날 열녀나 의협심 많은 인물들과 비교해도 부끄러움이 없으니 봄이 될 때까지 양식을 지급하고 내의원 반수로 임명하여 특별히 볼 수 있도록 하라."

조선 시대에는 일반 백성이 임금을 가까이에서 만날 수가 없었대. 당시에는 큰 공을 세운 백성이 임금을 뵐 때 임시로 관직을 주었단다. 그녀도 임금을 직접 대할 수 없는 천한 기생 신분이었으므로 궁중 의원에서 일하는 의녀의 직함인 내의원 반수에 임명한 뒤에 정조가 불렀던 거야.

김만덕은 남쪽 유배지로 알려진 제주에서 태어나 한양까지 올라가고 드디어 하늘같은 임금을 가까이에서 보았어. 그녀가 쉰일곱 살 되던 때였지. 게다가 나랏일을 의논하는 기구에 특별히 명을 내려 그녀를 보살피도록 했으니 장안에서는 만덕의 이야기가 화제였단다.

그녀는 정조와 왕비에게 많은 선물도 받고 칭송을 들었어. 또한 당시 재상인 채제공이 〈만덕전〉이라는 소설을 지어 그 이름이 세상에 널리 알려졌단다. 정약용을 비롯한 문장가들도 그녀의 선행을 높이 우러르는 글을 지었지.

김만덕

그녀는 겨울을 한양에서 지내고 다음해 봄에 금강산 유람을 떠났어. 금강산은 중국에까지 그 이름이 알려질 만큼 경치가 빼어난 명산이지. 그래서 당시 돈 많은 양반과 부자들은 금강산 유람을 큰 자랑거리로 여겼대.

금강산은 몇 달 걸려야 한 번 돌아볼 수 있기 때문에 그 경비가 엄청 들었어. 이때도 정조는 그 지방 수령들에게 명해 그녀에게 양식과 노자를 대 주도록 했단다.

그녀는 금강산 유람을 마친 뒤 제주로 돌아가 편안하게 살다가 일흔세 살에 세상을 마쳤어.

불우한 어린 시절을 보냈지만 빼어난 미모로 기생이 된 김만덕. 하지만 그녀는 양반의 첩이 되는 편안한 삶을 택하지 않았어. 오히려 여자 혼자 몸으로 자신의 꿈을 갖고 적극적이고 당당한 삶을 살았어. 임금이 그

의녀 차림으로 임금을 만난 김만덕

녀를 높이 평가한 것도 그런 이유가 있었을 거야.

당시에는 돈이면 강아지도 벼슬을 할 수 있다고 할 정도로 관리들의 부정행위가 심했어. 일반 백성들 사이에도 돈 욕심 때문에 도박과 투기가 유행하던 때였지. 그런 시절에 자신의 전 재산을 바쳐 많은 목숨을 구한 김만덕의 선행은 온 나라 백성들에게 어둠 속의 빛과 같았단다.

김만덕 기념탑

지금 제주에는 '제주의 할머니'인 김만덕을 기리는 송덕비와 기념관이 세워져 있고, 기념사업회에서 그녀의 선행을 널리 알리고 있기도 해.

아들의 벼슬길을 막아선 까닭
사주당 이씨 (1739~1821)

사주당 이씨는 영조 때의 대학자 유희의 어머니야. 어릴 때부터 책 읽기를 좋아하고 학식이 뛰어났대. 훗날 그녀가 쓴 태교서 《태교신기》는 아기를 키운 경험과 동양의 의학책 등을 참고로 아기와 임산부를 대하는 가족의 태도를 강조했단다. 한편 그녀는 아들 유희에게 과거 시험을 보지 말고 조용히 자신의 성품을 지키며 살라고 가르쳤어. 그녀는 우리에게도 올바르게 사는 길을 알려 주었단다.

주자를 본받아 경전을 꿰뚫다

사주당은 영조 때 이창식과 진주 강씨 사이에서 태어났어. 아버지 이창식은 태종의 서자인 경녕군의 자손이었단다.

사주당은 어려서부터 책 읽기를 좋아했고, 그녀의 아버지는 딸에게 학문을 장려했단다. 그녀는 열다섯 살에 경전과 역사책을 꿰뚫어 그 이치를 해석했어. 집안의 남자들도 따라가지 못할 만큼 학식이 높았대.

사주당은 중국의 대학자인 주자의 가르침을 덕목으로 삼아 일생을 사셨어. 그래서 주자를 스승으로 삼는다는 뜻으로 자신의 호를 '사주당' 이라고 지었던 거야.

사주당에 관한 소문을 들은 유한규는 사주당 집안에 사람을 보내 혼인을 했어. 그는 지금의 충청북도 청주인 목천에서 현감으로 있었는데, 학식과 인품이 훌륭하다는 평을 들었단다.

　사주당과 남편 유한규는 21년이라는 나이차가 났대. 하지만 두 사람은 평생을 친한 벗처럼 다정하게 지내며 학문을 토론하고 서로를 아끼며 살았단다. 사주당의 며느리인 권씨가 쓴 글에는 사주당과 남편이 한참 동안 바둑을 두느라 아기의 젖 먹일 시간을 넘긴 일도 있었다고 해. 이런 광경은 사대부 집안에서 보기 드문 일이었지.

주자

　사주당은 연세가 많고 성격이 까다로운 시어머니를 모시면서도 예의를 갖추었단다. 그것은 그녀 자신이 배운 것을 그대로 실천하고자 하는 마음에서 나온 것이었지. 이런 사주당의 학문과 행실이 널리 알려져 벼슬 높은 학자나 선비들이 찾아와서 큰절을 올리며 가르침을 받는 것을 영광으로 여길 정도였단다.

　남편 유한규는 결혼한 몇 년 뒤 사주당이 어린아이를 위한 교훈서를 만들었을 때 《교자집요》라는 책 제목도 지어 주었대. 그 책이 나중에 《태교신기》의 바탕이 되었단다. 사주당은 학문이 넓고 깊어 많은 글을 지었으나 태워 버리도록 했어. 그러나 《태교신기》만은 소중히 두었다가 후세에 전하도록 했단다.

　"뱃속의 가르침에 대해서는 옛날에도 그런 교육은 있었지만, 오늘날에

 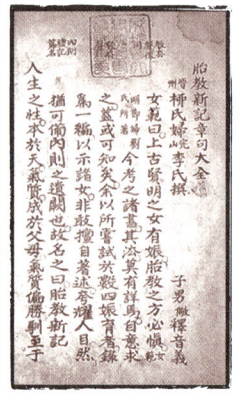

《태교신기》

는 그 글이 남아 있지 않으니, 이미 수천 년 동안 부인들이 어디에서 알아할 수 있었겠느냐? 당연히 인재의 출생이 옛날보다 못한 것은 기운의 변화 탓만은 아니다. …… 일찍이 태교에 시험한 것이 네 번인데, 과연 너희들의 생김새와 기운이 크게 잘못되지 않았다. 이 책을 집안에 전하는 것도 도움이 되지 않겠느냐?'

사주당 이씨는 자신이 태교로 4남매를 키운 것이 도움이 되었다며, 그 시대에 훌륭한 인재가 나오지 않은 까닭도 태교를 하지 않은 데 있다고 보았단다.

10년 가르침이 뱃속 열 달 기름만 못하다

사주당이 지은 《태교신기》는 훌륭한 교육은 태어나기 전부터 이루어져야 한다는 생각에서 시작되었어. 사주당이 평생 이상형으로 삼은 사람은 도덕적으로 인격이 완성된 군자였어. 그래서 태교도 마음을 바르게 하고 남을 공경하며 개인의 욕심을 경계하는 사람으로 키우는 데 목표를 두었단다.

사주당이 살았던 영조 시대에는 그 이전보다 많은 사건이 일어났는데, 도둑질, 사기, 노름을 비롯하여 노비가 주인을 죽이거나 가족과 친족을 살해하는 사건이 많았어. 인간 된 도리나 윤리보다는 돈의 노예가 되고 처와 첩이 싸우는 등 유교 질서가 무너지는 시대였어. 게다가 조정에서는 여러 당파로 나뉘어 다툰 탓에 많은 선비들이 목숨을 잃기도 했단다. 사주당은 세상인심이 거칠고 어지러워지는 현실에서 태교가 더없이 중요하다고 절실히 느꼈던 거야.

태교는 흔히 여자만 하는 것으로 생각하는데, 사주당은 아버지에게도

조선 시대 노름판을 그린 김양기의 〈투전도〉

태교 책임이 있다고 강조했어.

"절차와 예를 갖추어 부부가 되었으니 언제나 공경하는 마음으로 서로 대접하고, 혹시라도 업신여겨 서로 상처를 주는 일이 없어야 한다. 아내의 침실이 아니면 함부로 들어가 머물러서도 안 되고, 몸에 병이 있으면 함부로 침실에 들어가서도 안 된다. 나쁜 기운이 몸에 붙지 않게 하는 것이 자식을 낳은 아버지의 도리이니라."

사주당은 부부의 도리를 부인에게만 강조하는 것이 아니라 남편도 같이 지켜야 한다고 가르쳤던 거야.

아울러 사주당은 올바른 태교를 위해서는 가족이 먼저 임산부를 보호해야 한다고 강조했어.

"벗들과 오래 있어도 그들의 사람됨을 배우거늘 하물며 자녀가 어머니의 기쁘고 슬픈 감정을 닮는 것은 당연하다. 이런 까닭에 임산부를 대하는 도리는 기쁘고 화나고 슬프고 즐거운 감정이 혹시라도 그 도를 넘어서는 안 된다. …… 그러므로 임산부뿐만 아니라 온 집안사람들은 뱃속의 아이를 기를 때 항상 공경하고 조심해야 한다."

부모가 곧아야 자녀도 곧게 자란다

또한 어머니는 하늘로부터 받은 성품을 잘 보존하여 자녀를 어질게 키우고 현명한 군자가 되도록 해야 한다고 했단다. 사주당이 살았던 당대에

삼신
삼신할매, 삼신바가지, 삼신할머니 라고도 부르는데, 우리 조상들은 삼신이 아기를 점지하고 출산을 돕는다고 믿었단다.

는 임산부들이 태교를 알지 못했어.

 "지금의 임산부들은 반드시 특이한 맛이 나는 음식을 좋아하고, 반드시 서늘한 방에서 지내면서 몸을 편안히 하고, 집안이 한가하여 즐거움이 없으면 사람들로 하여금 헛되고 믿을 수 없는 이야기를 하게 하여 깔깔대며 웃는다. …… 어찌 열 달의 힘들고 고생스러움을 꺼려 그 자식을 못나게 하여 스스로 소인의 어머니가 되겠는가."

 당시에는 한글 소설을 읽는 것이 유행이었어. 그래서 한양에는 책을 빌려주는 집까지 생겨났단다. 사주당은 이를 엄히 꾸짖었대. 임산부들이 태교는 하지 않고 몸만 편히 하면서 재미있는 이야기에만 빠지는 것을 비판한 거야.

 또한 임산부가 있는 집에서 무당을 불러 부적을 붙이고 주문을 외우게

하거나 승려에게 시주하여 복을 비는 일이 종종 있었어. 사주당은 그런 미신은 하나도 좋을 것이 없다고 했어. 오히려 착한 마음을 지녀야 그 마음이 자식에게 미치는 것이라고 가르쳤지.

그리고 태교를 하지 않았을 때 생기는 괴롭고 해로운 점은 그 사람이 지은 불행 때문이라고 했어. 《태교신기》에 이런 말이 나와.

금줄
우리 민족은 아기가 태어나면 문 앞에 금줄을 걸어 21일 동안 외부인의 출입을 금했단다.

"태아를 기를 때 삼가지 않는다면 어찌 태어난 자식이 재주만 없겠는가? 그 형체도 온전하지 못하고, 병도 많을 것이며, 또한 태아가 떨어질 수도 있고, 출산도 어려우며, 비록 낳아도 수명이 짧으니라."

그리고 이런 말도 했지.

"자식은 어머니의 피를 따라 이루어지고 피는 마음을 통하여 움직이기 때문에 그 마음이 바르지 않으면 자식도 바르지 않게 된다. …… 임산부의 올바른 도리는 삼가는 것으로 마음을 보존하여 남을 해치거나 사물을 죽이려는 생각, 속이고 간사하고 도둑질하고 훼방하는 마음을 조금이라도 싹트지 않게 한 뒤에야 입으로 정신이 흐려지는 말을 하지 않게 되고 얼굴에 부족한 기색이 없게 된다."

아들아, 벼슬길에 오르지 말거라

사주당은 어린 유희를 젖먹이 때부터 따로 재우며, 옷을 입힐 때에도 스스로 챙기게 했대. 그리고 그녀는 어린 유희에게 글을 가르치기 위해 손수 100개의 글자를 모아 가르쳤어.

사주당은 그렇게 키운 아들에게 과거 시험을 보지 말라고 늘 말했단다. 유희는 다섯 살부터 어려운 경전과 역사책을 줄줄 외울 정도로 영리하고 학문의 재능이 뛰어났어.

그처럼 똑똑하고 학식이 있는 아들에게 왜 과거 시험을 보지 말라고 한 걸까?

사주당과 유희가 살았던 시대는 영조가 왕위에 있었어. 그런데 당시 조정은 남인, 노론, 소론으로 나뉘어 당파 싸움이 한창이었거든. 특히 1762년에 영조가 아들인 사도세자를 뒤주에 가두어 죽인 사건이 일어났어. 그 일로 사도세자를 동정하는 이들과 영조가 옳다는 이들로 나뉘었단다. 그리고 과거 시험도 공정하지 않을뿐더러 당파에 따라 관직에 임명되는 일이 보통이었어.

사주당은 누구보다도 이런 정치 현실을 잘 알고 있었기에 아들에게 벼슬길에 나아가지 말라고 했던 거야. 마음이 여리고 학문을 좋아하는 아들이 자칫 당파 싸움에 휘말리지 않을까 걱정한 때문이지.

현재 서울대학교 부속병원에 있던 사당으로, 사도세자와 그의 비 현경왕후의 위패를 모셨던 경모궁

유희 역시 어머니가 그렇게 하는 깊은 뜻을 이해하여 20년 동안 과거 시험을 보지 않고, 식구들과 함께 충청도 단양에 들어가 농사를 지었대. 그렇게 10년을 살다가 고향인 용인으로 돌아왔는데, 그 다음해에 어머니의 임종을 맞았단다. 1821년, 그때 사주당의 나이는 여든세 살이었어.

유희는 사주당의 《태교신기》를 단락을 나누고 한글로 뜻풀이와 해석을

달아 놓았어. 특히 《태교신기》는 1908년에 애국 계몽 운동가들이 잡지에 연재했고 1932년에는 일본어로 번역되어 일본 여자 중·고등학교 교과서로 사용되기도 했단다. 오늘날 혈통과 유전자가 중요하다는 점이 강조되면서 대학에서도 《태교신기》를 새롭게 연구하고 있단다.

사주당은 교육이란 생명을 존중하고 인간의 성품을 기르는 것이어야 한다고 가르쳤어. 그녀의 그런 인성 교육은 오늘날에도 이어져 우리들에게도 여전히 중요한 교육목표가 되고 있단다.

조선 천주교 최초의 여회장
강완숙 (1761~1801)

조선 천주교의 발전에 커다란 발자취를 남겼어. 양반집에 후처로 들어가 우연히 천주교를 접했고, 최초의 여회장으로 많은 이들을 신앙으로 이끌었어. 대궐의 벼슬 높은 부인들까지도 그녀를 따랐대. 공동체 생활을 하면서 천주교를 세상에 널리 알렸고, 잘못된 관습에서 벗어나 자유와 평등을 실천했으며, 신앙을 위해 당당하게 자신의 목숨을 바친 선구자, 골롬바로 널리 알려져 있는 여성, 그녀가 강완숙이야.

천주교를 만나 자유와 평등을 꿈꾸다

1861년, 강완숙은 충청도 홍성에서 양반의 서녀, 즉 첩의 딸로 태어났어. 그녀는 어려서부터 영리하고 지혜가 뛰어났대. 물론 글공부도 열심히 했지.

본래 성품이 곧고 용감한 강완숙은 자라면서 혼자 생각에 잠기며 남다른 꿈을 꾸었어.

'여자로 태어났으니 할 일이 없구나! 공부를 해도 아무 소용이 없고, 첩의 딸인 신세에 자식을 키운들 무엇을 할 수 있겠어. 세상살이가 하나도 즐겁지가 않아.'

강완숙은 혼인할 나이가 되자 홍지영의 후처로 시집을 갔어. 그러나 결혼 초부터 남편과는 뜻이 맞지 않아 우울하고 답답한 심정으로 나날을 보냈대. 그러던 중 남편 집안에 천주교인이 많았고, 그녀는 우연한 기회에 천주교 책을 읽었어. 그리고 천주교의 교리에 푹 빠졌단다.

강완숙은 이 새로운 진리가 새로운 세상을 만들 거라는 믿음이 커져 갔어. 그녀는 남녀 차별, 양반과 천민 차별이 없는 자유와 평등을 누리는 세상을 꿈꾸었

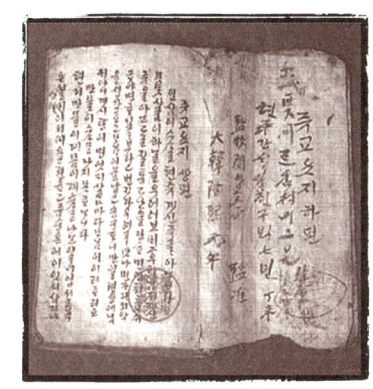

정약종이 쓴 조선 천주교 최초의 교리서 《주교요지》

어. 그리고 그곳이 천주교라는 세계라고 느꼈던 거야.

당시에는 《천주실의》를 비롯한 교리책이 한글로 번역되어 많은 여성들에게 새로운 희망과 용기를 주었어. 인간에 대한 존중과 남녀평등을 강조하고 첩을 두는 것을 반대한 천주교 교리는 고통과 서러움에 눈물짓던 당시 여성들을 천주교 신자로 이끌었단다. 천주교에서는 한 남자와 한 여자의 결혼만 인정하여 첩을 둔 사람은 영세를 받지 못하게 했어.

예전에 여자들은 이름이 없이 고향 동네 이름 뒤에 댁을 붙여 '충주댁'이니 '안골댁' 등으로 불렸대. 그런데 천주교에서는 여성들도 세례명을 받아 비로소 자신의 이름을 가질 수 있었어. 강완숙은 훗날 '골롬바'라는 세례명을 받았단다.

그 밖에 천주교는 가부장을 중심으로 한 결혼 제도와 집안 내력을 따지는 풍속을 정면으로 반대했어. 결혼은 본인의 뜻이 가장 존중되어야 한다

는 입장이었지. 그런데 조선 시대에는 여자가 결혼도 하지 않고 아이도 낳지 않는 것은 반역 행위로 생각했대. 그래서 천주교를 '사학'이라 하여 박해했단다.

천주교 비밀 집회

조선 천주교 최초로 여회장이 되다

강완숙이 서른한 살이 되던 해에 온 나라를 뒤흔드는 사건이 일어났어.

전라도에 사는 윤지충이라는 선비가 모친상을 당했는데, 제사를 지내지 않은 일이 관아에 알려진 거야. 그리고 그가 천주교인이라 제사를 거부했다고 소문이 났어. 그 일로 천주교인들이 줄줄이 붙잡혀 갔단다.

이 소식을 들은 강완숙은 그대로 있을 수가 없었지. 윤지충은 홍씨 집안과 친척일뿐더러 같은 교인이었기 때문이야. 그녀는 감옥에 갇힌 교인들에게 음식을 갖다 주다가 관아에 붙잡히기도 했대. 이 사건으로 윤지충은 처형되고, 얼마 뒤 강완숙은 시어머니와 함께 한양으로 이사를 갔지. 남편과 별거하게 된 셈이야.

강완숙이 친정 식구들과 시어머니, 전처의 아들까지 천주교인으로 만들었지만 정작 남편 홍지영은 신앙심이 없었어. 그래서 그녀는 남편에게 더 실망하고 신앙생활을 위해 한양으로 올라간 거야. 강완숙의 시어머니도 아들보다 며느리인 그녀를 더 믿고 의지했대.

1794년, 중국의 신부 주문모가 조선에 몰래 들어왔어. 그 무렵 교인 수가 '씨앗이 떨어져 또 다른 씨앗을 내듯' 그렇게 늘어나 4,000명이 넘었다는구나. 한양으로 올라온 강완숙은 신앙 생활에 몰두하던 중 주문모 신부가 입국한다는 소식을 듣고 많은 비용을 대 주었어.

그 다음해에 조정에서 주문모를 체포하라는 명령을 내리자 강완숙은 자기 집 창고에 그를 숨겨 주었단다. 양반집 부녀자가 외간 남자를 집안에 끌어들인다는 것은 상상조차 할 수 없던 시대였어. 물론 그녀는 그 점을 이용한 것이었지만 그녀의 신앙심은 위험을 두려워하지 않을 만큼 깊었거든.

하지만 언제까지 식구들을 속이기는 어려웠을 거야. 그래서 시어머니에게 허락 받고자 했어.

주문모

그녀는 며칠 동안 울고 탄식하며 먹지도 않고 잠도 거의 자지 않았어.

"대체 무슨 근심이 있어서 그렇게 몸을 상하게 하는 게냐?"

"지금 신부님이 몸을 피해 계신데 만약 그분이 나타나시면 어머님은 그분을 받아들일 수 있으세요? 어머님이 저와 뜻을 같이 하신다고 약속해 주신다면 저는 마음의 평화를 얻을 것 같아요. 저는 전에 누렸던 기쁨을 되찾아 어머님께 죽을 때까지 효성을 다하겠어요."

"나 역시 너하고 떨어져 살기 싫구나. 네가 하고 싶다면 해보거라."

강완숙은 기뻐서 어쩔 줄 몰라 하며 주문모 신부에게 달려가 그를 집에 모셨단다. 그 뒤 강완숙이 사는 집은 작은 교회가 되어 미사와 성사를 하는 곳이 되었지. 주문모 신부는 강완숙에게 '골롬바'라는 영세명을 주고 조선 교회 최초로 여회장에 임명했어.

강완숙

그녀는 비로소 이 세상에서 자신이 해야 할 일이 무엇인지 분명하게 깨달았어. 그녀는 자신이 천주님의 딸로 새로운 세상을 위한 일꾼이 되어야 한다고 느꼈단다. 그래서 더욱 교회 활동에 모든 정성을 쏟은 거야.

그녀는 며칠에 한 번씩 미사와 고해성사, 기도회를 열었어. 그리고 천주교에 관한 강의와 토론을 했어. 그 자리는 남녀 구별도, 신분 차별도 없는 평등한 교인의 세상이었지.

강완숙은 교회 활동을 위해 사대부 교인들과 오가며 편지도 나누었어. 교인들에게 각자 업무를 나누어 맡겨 교리책을 번역하고, 비용을 분담하고, 책자를 만들고, 판매하도록 지도했단다. 그 외에도 중요한 일을 결정하고 지시하는 등 체계적이며 조직적인 활동을 펼쳐 나갔어. 그러다 보니 교인 수도 만 명이 넘을 정도로 교세가 커졌어. 교회 기록에는 교세가 커진 중요한 이유로 강완숙의 활동을 꼽는단다.

갖은 위험 속에서도 교인을 넓혀 가다

강완숙은 날마다 돌아다니며 친인척과 이웃 여성들에게 천주의 말씀을 전했어. 남다른 사명감과 적극성으로 여자 교인 수가 늘어 갔지.

당시 경희궁에는 정조의 이복동생인 은언군의 부인 송씨와 며느리 신씨가 유폐되어 있었어. 은언군이 역모에 연관되었다고 하여 강화에 유배되었기 때문이야.

강완숙은 경희궁에 있는 부인들에게도 천주의 교리를 전하고 싶었어. 하지만 상당히 위험한 일이라 교인들은 모두 반대하고 나섰대. 일반 사람

정조 때 대표적인 신학자로 평가받는 정약종

들은 경희궁에 있는 사람들과 접촉하기를 꺼려했지. 그러나 그녀는 주문모 신부를 모시고 궁으로 들어가 송씨와 신씨에게 영세를 받도록 했어. 이런 소식이 궁 안에 알려지자 궁녀들과 사대부 부녀자들도 다투어 영세를 받았단다.

그녀는 자신이 보았던 희망, 새로운 세상을 보다 많은 여성들에게 알려 주고 싶은 마음뿐이었어.

아울러 강완숙은 여성들에게 교리 공부를 통해 교육을 받게 했어. 교육은 지식을 갖게 하는 동시에 세상을 보는 눈을 뜨게 해주기 때문이야.

그녀는 의지할 곳이 없는 여성들을 자신의 집에서 생활하게 하며 교리를 가르치고 교회 일을 돕도록 했단다. 또한 경제력이 있는 여성들은 집을 공동으로 마련하여 여러 명이 함께 살기도 했지.

죽음으로 믿음을 보여준 강완숙

여성 교인들 중에는 처녀들이 많았어. 나중에 이들은 풍속을 망친다는 죄목으로 심문을 받았대. 조선 시대에서는 여성이 결혼을 거부한다는 것은 국가에 대한 범죄 행위였거든. 그 당시 사람들은 자손을 낳고 조상의 제사를 받드는 것이 여성으로서 당연한 의무라고 생각했으니까. 그래서 천주교를 사악한 것이라고 죄명을 씌우기가 쉬웠던 거야.

강완숙은 처녀들을 모아 가르치면서 그들에게 천주님을 믿으라고 권했

고, 밤낮으로 집집마다 찾아다니며 교리를 전하느라 잠도 편히 자지 못했어.

강완숙이 활동하던 정조 때에는 천주교를 금지하기는 했지만 비교적 관대하게 처리하여 교세가 클 수 있었대. 그러나 1801년에 정조가 세상을 뜨고 열한 살이 된 순조가 왕위에 올랐어. 그리고 영조의 부인인 정순왕후가 수렴청정을 하면서 천주교를 대대적으로 박해하기 시작했단다.

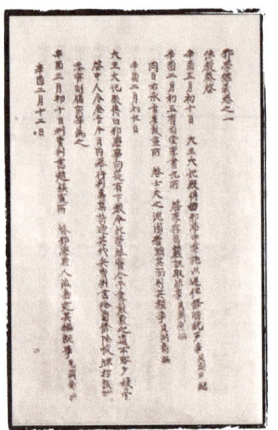

순조 때 심문당한 천주교 신자들의 진술과 판결문을 모아 정리한 《사학징의》

정순왕후는 천주교를 반역죄로 다스리라는 교서를 내렸어.

"지금 이른바 사학이란 것은 어버이도 없고 임금도 없어서 인륜을 무너뜨리고 가르치는 것에 어긋나니 스스로 오랑캐와 짐승으로 돌아가게 한다. …… 이와 같이 엄하게 금지한 뒤에도 다시 뉘우치지 않는 무리가 있으면 마땅히 역모죄로 다스릴 것이다. …… 사학을 뿌리째 뽑아 버려 남은 씨가 없도록 하라."

1801년, 강완숙이 마흔한 살이 되던 해였지. 그녀는 전처 아들과 함께 체포되었고, 주문모 신부가 숨은 곳을 자백하지 않자 모진 고문을 당했어. 여섯 차례나 무서운 주리를 틀어도 입을 열지 않자 "저 여자는 사람이 아니라 귀신"이라는 말까지 들었대.

그해 3월에 주문모가 자수하고, 경희궁에 있던 송씨와 신씨에게는 사

1914년 헐리기 전의
서소문 모습

약이 내려졌단다.

강완숙은 서소문 밖 처형장으로 끌려갔어. 네 명의 여성이 그녀와 같은 길을 택했지. 처형장으로 가는 동안 강완숙과 교인들은 서로 기도하고 하느님을 찬양하는 노래를 불렀단다. 그들의 얼굴에는 기쁨이 넘쳐흘렀지.

사형장에 이르자 강완숙은 관리에게 이렇게 요구했단다.

"법에는 사형을 받는 자는 옷을 벗기도록 명해졌으나, 여자들은 그렇게 다루는 것이 사리에 맞지 않으니, 옷을 입은 채로 죽기를 청한다고 상관에게 알리시오."

강완숙은 요구가 받아들여지자 맨 앞으로 나갔어. 이처럼 그녀는 자신이 선택한 삶과 신앙을 위해 목숨을 바친 순교자였어.

《순조실록》에는 강완숙을 지극히 간악하고 요사스럽다고 기록했단다.

그것은 당시 사회 구조를 호되게 비판한 천주교를 믿었기 때문이야. 하지만 천주교에서는 그녀가 위대한 여성 순교자로 기리고 있어.

강완숙은 천주교를 통해 자유와 평등이 있는 세상을 보았고 그런 세상을 만들고 싶었어. 그래서 남녀차별과 신분 차별을 깨뜨리는 데 앞장섰고 신앙을 위해 당당하게 목숨을 바쳤단다.

서소문공원에 있는 순교 현양탑

열네 살에 남장을 하고 금강산에 간
김금원 (1817~?)

조선 최초로 여성 시모임을 만든 여장부, 김금원. 양반은 아니었지만 일찍부터 글을 배웠으며 열네 살에 남장을 하고 혼자 금강산을 유람했어. 사대부로 태어나지 못한 것을 아파한 그녀는 스물아홉 살에 여성 시인들과 함께 시 모임을 만들어. 시를 주고받으며 새로운 세상을 꿈꾸었지. 김금원은 남자들만의 세상 속에서 좌절된 꿈과 희망을 글에 담았어. 그리고 세상에 이름을 남긴 여자 호걸이었어.

열네 살에 남장을 하고 금강산에 가다

김금원은 1817년에 강원도 원주에서 태어났어. 그녀의 집안은 알려진 것이 없고, 경춘이라는 재주 많은 여동생이 있었어.

그녀는 어려서 병을 자주 앓아 부모가 다른 일을 시키지 않고 글을 가르쳤대. 영리하고 재주가 있던 그녀는 몇 년 안에 유교 경전과 역사책을 읽고 그 뜻을 환히 알았지. 그래서 다른 집 여자 아이들이 바느질을 하고 집안일을 익히는 동안 금원은 책을 통해 세상에 대한 관심과 자신의 처지를 생각했단다.

그녀가 남긴 글에 그런 심정이 남아 있어.

"짐승으로 태어나지 않고 사람으로 태어난 것도 다행이고, 오랑캐 땅이 아닌 조선에 태어난 것도 다행이라 할 수 있겠지. 그런데 남자로 태어

〈삼일유가도〉
과거 시험에 급제한 사람은 사흘 동안 휴가를 얻어 온 거리를 돌아다녔단다. 김금원도 남자도 태어났다면 어사화를 쓰고 삼일유가를 했을지도 몰라.

나지 못하고 여자로 태어나서 불편한 게 많고, 부귀한 집에 나지 않고 하필 지체가 낮은 집안에서 태어났으니 아, 불행한 일이로다."

그녀는 어린 나이에도 자신이 사는 세상을 많이 생각했어. 그녀가 살았던 순조 때에는 안동 김씨 집안이 모든 관직을 독점했어. 왕실과 혼인 관계를 맺은 집안이 권력을 틀어쥐는 정치 형태를 세도 정치라고 해. 안동 김씨의 세도 정치 탓에 시골 양반들은 벼슬하기가 어려웠대. 더구나 조선에서는 남자로 태어나지 않으면 아무리 학식과 재능이 뛰어나도 소용없었어.

그녀는 열네 살이 되자 자신의 앞날을 상상해 보았어. 당시에는 여자가 열네 살이면 혼인할 나이였지. 그녀는 뜻이 높고 모험심이 강하며 활달한 편이었어. 가만히 생각해 보니 자신이 혼인하면 평생 집 안에서 바느질이나 하고 제사나 지내고 부엌일을 하다가 흔적도 없이 사라질 것이 뻔했지. 금원은 누구보다도 자부심이 강했기 때문에 그렇게 살지 않으리라 결심했단다.

그래서 부모님에게 금강산 유람을 가겠노라고 간절히 청했어.

"꼭 금강산을 구경하고 싶어요!"

"또 그 소리냐? 혼인할 나이에 그 험한 금강산을 가겠다고 고집을 피우느냐? 게다가 너는 몸도 약하지 않느냐?"

정선이 그린 〈금강전도〉

"제 소원을 들어주세요. 그리고 이왕 길 떠난 김에 한양에도 들러 넓은 세상을 보고 싶어요!"

그녀는 고집이 대단했어. 한번 마음먹으면 반드시 이루고야 말았거든. 그래서 부모님도 하는 수 없이 허락했단다. 그녀는 훗날 그때를 이렇게 표현했지.

"새장에 갇혀 있던 매가 새장을 나와 저 높은 하늘로 솟구쳐 오르는 것 같았다."

그녀는 왜 그 먼 여행을 떠나려고 한 걸까? 금강산 유람은 보통 몇 달씩이나 걸리고 험한 길이 많아 양반들도 쉽게 갈 생각을 하지 못하던 때였는데? 그런데 그녀는 단순히 경치를 구경하려고 한 것이 아니었단다.

그녀는 그 이유를 분명하게 밝혔어.

"어찌 여자 가운데 뛰어난 자가 없겠는가? 다만 여자들이 사는 곳에서만 깊숙이 지내는 탓에 그 총명함과 식견을 넓히지 못한 채 끝내 사라져 버리는 것이 어찌 슬프지 않으리오."

그녀는 곰곰이 생각했어. 이름난 집안에서 남자로 태어나지 못했으니 아무리 공부를 해도 과거 시험도 볼 수 없는 처지였어. 하지만 견문을 넓히고 세상 구경이나 실컷 하면 그나마 우울한 기분이 나아지리라 여겼던 거야.

1910년, 남대문시장의 전신인 칠패시장 모습

1830년 봄, 김금원은 서둘러 남자 옷으로 갈아입고 길 떠날 채비를 서둘렀어. 원주에서 충청북도 제천에 있는 의림지를 거쳐 금강산과 관동팔경, 설악산을 구경하고, 돌아오는 길에 한양 땅을 밟았지.

그녀는 지나가는 곳마다 경치뿐 아니라 사람들이 사는 모습, 새로운 문물에 깊은 관심을 가졌어. 그리고 자신이 보고 느낀 것들을 기록해 두었단다.

늦은 나이에 혼인하여 함경도로 떠나다

열네 살에 집을 떠나 금강산과 관동팔경을 돌아보고 한양까지 다녀온 그녀는 또 한 번 모험을 하기로 결심했어.

금강산과 동해 바다를 둘러보니 새삼 세상이 넓은 것을 느꼈어. 게다가 말로만 듣던 한양을 가서 보니 눈이 휘둥그레질 만큼 볼 것도 많고 사람들이 살아가는 모습도 여러 가지라는 사실을 알게 되었단다.

"시골에서 자라 스스로 안목이 좁은 것을 비웃으며 성안을 두루 살펴보니 비로소 가슴이 트이는 것을 깨닫는다."

그러나 긴 여행을 마치고 집으로 돌아온 그녀에게 고민이 생겼어. 넓은 세상을 보고 나니 더욱 평범하게 결혼하여 이름 없이 살다 죽기는 싫었던 거야. 그래서 그녀는 또 한 번 새로운 삶을 살기로 결심했어.

당시에 여자로서 양반들과 자유롭게 만나 학문을 이야기하고 글을 지

신윤복이 그린 〈청금상련〉

을 수 있는 신분은 기생밖에 없었단다. 그녀는 기생이 되기로 마음먹고 이름을 금앵으로 바꾸었어.

원주 관아의 기생이 된 김금원은 당시 유명한 문인들과 어울렸는데, 시를 지어 주고받을 만큼 재주가 뛰어났어. 중국의 유명한 역사가인 사마천에 비유할 정도로 이름을 떨쳤대. 그때 그녀의 나이 스물일곱 살이었지.

스물아홉 살 되던 해인 1845년에 그녀는 기생을 그만두고 김덕희의 첩이 되었어. 누구보다도 자유로운 삶을 원하고 누렸던 그녀가 왜 뒤늦게 양반의 첩이 되었을까?

김덕희는 집안도 훌륭하고 과거 시험에 급제하여 높은 자리에 있었어. 그녀는 김덕희의 학식과 청렴한 인품을 좋아하여 혼인을 결심했지. 그리고 남편이 함경도 의주 부윤으로 임명되자 함께 따라갔단다. 그녀는 의주로 가던 도중에도 각 지방의 역사와 인물, 사건에 특별한 관심을 가졌어. 그런 점이 보통 여자들과는 많이 달랐지.

그녀는 의주에서 2년을 지낸 뒤 남편이 관직에서 물러나자 같이 한양으로 갔어.

조선 최초로 여성 시인 동아리를 만들다

그녀는 남편과 함께 한양으로 돌아왔고, 한강이 바라다 보이는 용산 언덕에 남편이 지은 삼호정이라는 정자에서 지냈어. 그녀가 그곳에서 지낸 것은 서른한 살 때였어.

경치가 아름다운 삼호정에서 김금원은 친동생 경춘을 불러 같이 지냈단다. 경춘도 언니 못지않게 영리하고 지혜롭고 경전에 능통했지. 하지만 그녀도 양반의 첩이었어. 김금원은 고향 친구와 이웃들을 불러 거문고를 뜯고 시를 지으며 즐기다 헤어지곤 했대.

김금원을 중심으로 한 다섯 명의 여자는 모두 첩의 자식으로 태어나 첩의 신세로 사는 처지였어. 조선 시대에는

원효로성당
삼호정이 있던 용산 언덕에는 현재 원효로성당이 자리해 있어.

첩의 딸은 혼인을 해도 본처가 될 수 없었단다. 그들은 처지도 같았고 시와 음악을 좋아하는 취향도 비슷했지. 그리고 모두 시 쓰는 재주가 뛰어났대. 그러다 보니 자주 어울렸고, 사람들은 이들의 모임을 '삼호정 시사'라 불렀어.

당시에는 뜻을 같이 하는 문인들끼리 모여 시사, 즉 시 모임을 만드는 것이 유행이었대. 하지만 여성들끼리 모여 사회적으로 이름을 알리는 경우는 없었어. 삼호정 시사의 여성 시인들은 서로의 재주를 아끼고 안타까워하며 끈끈한 동아리를 이루었어. 그런 심정을 시로 짓기도 했지.

> 그리움에 흐르는 눈물을 동쪽 흐르는 물에 뿌린다면
> 삼호정에서 이별한 뒤 그 강 물결 되겠네.

금원은 '여자 중의 호걸'이라는 말을 들을 만큼 품은 뜻이 크고 적극적이며 학식도 높았단다. 하지만 마음 한구석에는 늘 좌절감과 답답함이 자리 잡고 있었어. 그녀의 시 중에 "봄이 되니 내 시름도 바다만큼 깊어졌네."라는 표현을 보아도 그래.

이는 그녀의 속마음을 나타낸 거야. 봄이 되면 과거 시험이 열리는데, 그럴 때마다 그녀의 가슴은 무너져 내리는 것만 같았어. 그래서 봄만 되면 가슴앓이를 하면서 시를 지었던 거야.

자신의 일생을 문집으로 엮다

1850년, 김금원은 서른네 살 되던 해에 호동서락, 즉 충청도·강원도·황해도·평안도 일대와 금강산, 관동팔경, 설악산, 한양을 유람한 일과 의주 생활, 삼호정 시사의 일들을 기록하여 자기 문집을 만들었단다. 그리고 문집을 《호동서락기》라고 이름을 지었지.

조선 시대에서 여성이 자신의 문집을 스스로 만들고 문집 이름을 지은 경우는 매우 드물었어. 그만큼 그녀는 자존심과 글에 대한 자부심이 남달랐단다. 또한 자기 글을 후대에 남기려는 의지도 강렬했지. 그녀는 이 문집에 이렇게 남겼단다.

"기괴한 경치를 찾아 명승지를 두루 다니며, 남자들도 하기 어려운 일을 능히 할 수 있었으니 분수에 만족하며 소원도 이룬 것이다. 슬프다. 천지 강산의 큼이여. …… 생각하건대 지난 일 경관은 바로 눈 깜짝하는 순간의 꿈일 뿐이니, 만약 글을 써서 그것을 전하지 않는다면 오늘의 금원이 있었음을 누가 알겠는가?"

영조 시대 뒤에는 여성이 자기 문집을 낸 경우가 종종 있었어. 하지만 사대부 여성들은 자기 글을 조심스럽게 생각했어. 집안의 부녀자들에게 전해지기를 바랄 뿐이었지. 더러는 "장독대를 덮는 종이로 쓰이지 않았으면 좋겠다."고 표현했대. 이와는 달리 김금원은 글을 남겨야 후대라도 자기 이름이 알려질 것이라고 당당하게 밝혔어.

《호동서락기》에는 역사 속에서 세상을 잘못 만나 뜻을 펴지 못한 인물을 다룬 이야기가 여러 편 실려 있어. 특히 한양의 동대문 밖 동묘에 가서 참배를 한 금원은 중국의 관우 장군을 흠모하며 탄식했대. 중국 삼국 시대의 영웅 중 한 명인 관우는 유비와 의리를 지키다가 싸움터에서 죽고 말았어. 동묘는 임진왜란 때 관우의 영혼이 왜군을 물리치게 해주었다고 해서 제사를 지내는 곳이야.

그녀는 관우 외에도 신라의 마지막 왕자인 마의태자, 고려 말기의 충신인 정몽주, 순조 때 농민 항쟁을 일으키다 죽은 홍경래를 비롯해 불운한 인물들에게 각별한 관심을 가졌어. 자기 처지와 비슷하다고 느꼈기 때문이야.

동묘 정전

다음 세상에 남자로 태어난다면

《호동서락기》는 열네 살에 금강산과 여러 지방을 둘러 본 기행문을 포함하여 삼호정 시절까지 20년이 넘는 세월을 적은 기록이야. 그 안에는 김금원의 뛰어난 문장력과 깊은 학식이 나타나 있어. 민족과 국가에 대한 충정, 세상을 보는 주체적인 역사의식도 들어 있지.

하지만 그 배경에는 남자로 태어나지 못한 좌절감과 한탄이 깔려 있단다. 그래서 세상 사람들에게 아무리 시를 잘 짓는다는 말을 들어도, 여성들끼리 모여 시모임을 만들어도 마음에 맺힌 한을 씻어 내기는 어려웠어. 그녀의 이런 심정을 그대로 보여주는 시가 있단다.

> 봄바람 다 보냈는데 나그네는 아니 돌아오고
> 봄 내내 병이 많아 더욱 한가롭기만 하구나.
> 과거 시험장이 아닌 시 읊는 모임에 들어가니
> 뜬 인생이 꿈꾸고 깨어나는 것과 같음을 알았네.

또한 그녀는 시 모임에서 같이 어울렸던 고향 친구 박죽서에게 이렇게 말했어.

"다음 생에는 남자로 태어나서 형제나 벗이 되어 시를 주고받자."

죽서는 금원과 같은 원주 태생으로, 첩의 딸로 태어나 첩으로 사는 신세였지. 금원은 친구인 죽서에 대해서 하나를 들으면 열을 알 정도로 지혜롭다고 했어.

죽서도 금원과 같이 여자로 태어난 것을 탄식하여 자신의 호를 '반벙어리'라는 뜻을 지닌 '반아당'이라고 지었단다. 입이 있어 말을 할 줄 알아도 자유롭게 말을 할 수 없는 '반벙어리' 말이야. 이 호에는 세상을 향해 품은 뜻이 아무리 커도 펼칠 수 없는 좌절감이 깃들어 있어.

삼호정 시사는 박죽서가 죽고 김금원이 남편을 따라 다른 곳으로 가면서 자연스럽게 모임이 끊어졌어. 그래서 김금원이 언제 죽었는지조차 알 수가 없어. 그러나 조선 시대에 여성으로 태어나 인간으로서 새로운 세계를 향해 끊임없이 도전했던 김금원의 정신은 후대에 와서 다시 빛나고 있단다.

조선 최초로 여성 명창에 오르다
진채선 (1847~?)

진채선은 무당의 딸로 태어나 기생 노릇을 했대. 그 뒤 신재효를 만나 판소리의 깊은 맛을 깨달았지. 경복궁의 경회루 완공을 축하하는 잔치에 초청 받아 남장을 하고 많은 사람들 앞에서 판소리를 했지. 모두들 그녀의 우렁찬 소리와 뛰어난 기량에 놀랐지. 그 일로 그녀의 이름은 조선 팔도에 퍼졌단다. 남자들만의 세계였던 판소리를 여성에게 넓혔고 그녀 이후에 많은 여성 명창들이 등장했단다.

무당의 딸, 판소리에 빠지다

　진채선은 전라북도 고창에서 무당의 딸로 태어났단다. 그녀는 소리를 배우러 다니던 어머니에게 영향을 받아 어릴 때부터 노래를 잘 불렀대. 본래 무당 집안은 대대로 무당이 되는 것이 보통이었어. 그러나 그녀는 무당이 되기보다는 기생이 낫다고 생각했어. 그래서 고창 관아의 기생이 되었지. 그녀는 얼굴도 갸름한 미인에 노래와 춤 솜씨가 뛰어났대.

　당시 기생의 노래는 시조를 읊거나 가야금 반주에 맞추어 시를 읊는 것이 대부분이었어. 하지만 기생들 중에는 판소리를 부르는 경우도 있었단다. 진채선이 살던 시대에는 판소리를 돈 많은 양반과 중인들이 즐겨 들었대. 그 때문에 소리꾼을 잘 대우해 주었지. 유명한 명창들은 모임에 초청되면 비단 천 필을 받을 정도였대.

진채선은 기생으로 지내며 이런저런 생각을 했어.

진채선 생가터

'나이는 먹어 가고 양반의 첩으로 살기는 싫고, 이름난 기생이라는 말을 들으려면 적어도 시와 문장을 지을 줄 알아야 하는데……. 나는 글을 배우지도 못했으니 차라리 소리를 배우는 편이 낫지 않을까?

그때 그녀보다 서른다섯 살이나 많은 신재효는 고창의 향리로 큰 부자였어. 그는 경복궁 복원 공사에도 원납전이라는 기부금을 바쳐 명예직이기는 하지만 벼슬을 얻었단다.

신재효는 관청의 잔치를 흥겹게 할 기생들을 관리하게 되면서 판소리를 알게 되었지. 판소리에 깊이 빠져 당대의 명창들을 불러 모았고, 재주 있는 사람들에게 소리를 가르치도록 했어. 집 기둥이 관청 것보다 크다고 할 만큼 넓은 그의 집에는 늘 판소리를 하는 사람들로 북적댔대.

그는 그들을 모두 먹이고 재우면서 판소리를 보급하고 후원하는 일에 힘썼단다. 그는 세 번이나 결혼했으나 부인들 모두 죽고 혼자 사는 처지였어. 외로움과 가슴에 쌓인 한을 판소리로 위안 받고 싶었는지도 몰라.

그러던 중 그는 진채선이 소리를 잘한다는 소문을 들었어. 여러 사람이, 진채선이 예쁜데다 춤과 노래 솜씨가 일품이라고 전해 주었던 거지.

신재효는 채선을 처음 본 순간 청초하고 아리따운 모습에 마음을 빼앗겼단다. 게다가 노래 솜씨도 좋으니 잘 키우면 소리꾼으로 큰 재목이 되리라 믿었지. 진채선도 신재효가 판소리를 좋아하고 소리꾼을 키운다는 말을 들었어.

신재효는 그녀를 관아의 기생 신분에서 벗어나게 하려고 관아에 돈을 바쳤어. 당시에는 기생 노릇을 그만두려면 관아에 돈을 내야 했기 때문이야.

진채선

스물한 살에 여성 명창이 되다

진채선은 신재효 집에서 지내며 본격적으로 소리를 공부했단다. 그녀와 같이 배우는 남자들도 저마다 재주가 있었어. 그 때문에 서로 경쟁이 치열했대. 그리고 당시에는 판소리를 야외에서 공연했기 때문에 목청이 우렁차고 성량이 풍부해야만 했대. 그러니 여성이 판소리를 한다는 것은 참으로 어려운 일이었단다.

소리 공부는 우선 훌륭한 선생을 만나는 것이 첫째인데, 한 마디씩 따라 부르며 익혀야 했어. 하지만 선생이 가르친 것을 흉내만 내는 데 그치지 않고 자기만의 독특한 소리를 만들어야 인정을 받았대. 그래서 어떤 사람들은 몇 년씩 깊은 동굴이나 폭포 밑에서 수련을 하며 피를 토하기도 했던 거란다. 그런 뒤에야 온갖 소리를 자유롭게 표현할 수 있다고 하니 소리 공부가 여간 힘든 일이 아니었나 봐.

신재효는 특별히 당시 명창인 김세종에게 진채선을 가르쳐 달라고 부탁했단다. 김세종은 소리뿐 아니라 이론과 비평에도 최고라고 불린 명창이었어. 그는 판소리의 여러 마당 중에서도 〈춘향가〉를 잘 불렀는데, 진채선이 〈춘향가〉를 자기 장기로 삼은 것도 그 때문이었어.

신재효 고택

그녀는 〈춘향가〉와 〈심청가〉를 잘 불렀고, 사람들이 가장 좋아하는 소리였대. 그녀는 소리를 잘하는 것이 살길이라고 여겼어. 하지만 나이도 어리고 여자여서 여간 불리한 것이 아니었단다. 그 때문에 남자들보다 몇 배 더 연습했지.

당시 명창들은 판소리를 하면서 각자 자기만의 독특한 '더늠'을 개발하여 장기로 삼았어. 더늠은 '더 넣는다'는 뜻으로, 본래 내용을 조금 바꾸거나 그때그때 만들어 부르는 것을 말해. 그래서 똑같은 〈춘향가〉도 소리꾼에 따라 조금씩 달랐던 거야.

당시에 '노래왕'이라고 불린 송흥록은 '옥중가', 고수관은 '자진사랑가' 등 〈춘향가〉 중에서도 각자 장기로 삼은 대목이 있었어.

어느 날 진채선은 소리 선생에게 〈춘향가〉 한 대목을 따라 부르다가 청을 드렸어.

"스승님, 저도 더늠을 하나 만들고 싶어요."

"어찌 그런 생각을 했느냐?"

"명창이 되려면 더늠을 가져야 할 것 같아서요."

"네 뜻이 신통하구나. 그럼 네가 잘할 수 있는 대목이 어느 부분이냐?"

판소리 공연 그림

"제 생각에는 '기생 점고' 대목 뒷부분을 약간 바꾸어 제 식으로 해보고 싶어요."

"그 대목은 남자인 명창들도 하기 어려운 부분이니 잘 되었구나. 그럼 열심히 수련하여 소리를 들려 주거라."

그렇게 하여 진채선도 자기만의 더늠을 개발했어. 그녀는 남자들이 흉내 내기 어려운 〈춘향가〉의 '기생 점고' 대목을 장기로 삼아 부지런히 연습했단다. 기생 점고 대목은 변학도가 사또로 부임하면서 기생들을 하나씩 부르는 장면을 읊은 거야.

그런데 진채선은 그 대목을 아주 재미있게 표현해서 사람들을 웃음바다로 빠뜨렸어. 자신이 기생 출신이라 누구보다도 그런 쪽에 자신이 있었던 거지.

그녀의 재능과 열정을 누구보다 아끼고 어여삐 여긴 사람은 신재효였단다. 그는 진채선이 소리꾼으로 성장하는 것을 지켜보며 때를 기다렸어. 언젠가 큰 무대에 그녀를 내보내어 만천하에 그녀의 기량을 보여주고 싶었단다.

경복궁 잔치 때 이름을 알리다

1867년, 3년에 걸친 경복궁 복원 공사가 끝나자 대원군은 이름난 재주꾼과 소리꾼들을 경회루에 초청하여 큰 잔치를 벌였어. 수고한 백성들을 위로하고 민심을 안정시키려는 뜻이었지.

그 잔치에 초청받은 사람들은 저마다 각 지방에서 이름을 떨치고 있었어. 그들 중에 여자 한 명이 소리꾼으로 끼여 있었지. 대원군과 친분이 있던 신재효는 초청을 받은 그 자리에 진채선을 보냈던 거야.

경회루

드디어 진채선이 나설 차례가 되었어. 스물한 살인 그녀는 남장을 하고 앞으로 나아갔어. 사람들은 그 모습을 보고 예쁘장한 사내라고만 여겼대.

진채선은 〈명당축원가〉 첫 부분을 부르기 시작했어.

"우리 조선 천하에 밝은 나라라. 백두산이 북쪽 땅 되고 한라산이 남쪽 바닷가에 있네."

〈명당축원가〉는 보통 새 집을 완공했을 때 부르는 노래였어.

사람들은 진채선의 소리를 듣고 깜짝 놀랐어. 그녀는 성량이 풍부하고 웅장한 데다 높고 낮은 소리가 다양하여 당시 명창들도 얼굴빛이 창백해질 정도였다고 해. 그런데 알고 보니 여자라는 사실에 모두 뒤로 자빠질 지경이었어.

진채선은 경복궁 잔치가 첫 무대였고 그 자리에서 여성 명창으로 불렸단다. 그리고 진채선의 소리에 반한 대원군은 그녀를 자기가 사는 집인 운현궁에 머무르게 했대.

대원군

신재효는 진채선과 어쩔 수 없이 헤어져야만 했지. 그리고 3년이 지나서 신재효는 진채선이 고창 근처에 공연을 하러 온다는 소식을 듣고 그 길로 달려가 그녀의 소리를 들었어.

그는 연인이자 제자인 채선이 명창의 경지에 오른 것을 보고 감탄했단다. 맑고 우렁찬 소리에 슬픈 감정을 표현하면서 여성의 감성을 최대한 발휘했기 때문이야. 그는 채선을 향한 마음을 가슴속에 담고 있기가 힘들었어. 그래서 복숭아꽃, 자두꽃 피는 봄 경치를 읊은 〈도리화가〉를 지어 불렀단다. 그 내용은 운현궁에서 소리 기생으로 사는 채선의 마음을 대신 말해 주는 듯했어.

신재효는 채선이 운현궁에 갇혀 지내기가 답답하리라 여겼어. 그래도 대원군에게서 어여쁨을 받으니 한탄하지 말라는 거였지. 그리고 언젠가는 다시 만날 수 있지 않겠느냐고 기대를 했어. 그 마음을 표현한 것이 〈도리화가〉란다.

스승을 따라 떠나간 여성 명창

채선은 〈도리화가〉를 전해 듣고 잠을 이룰 수가 없었어. 생각해 보면 자신을 기생에서 명창으로 만들어 준 은인이자 스승이 바로 신재효였고, 그 덕분에 대원군에게 인정받고 먹고사는 걱정 없이 편안하게 살게 된 마당에 그 은혜를 잊을 수가 없었지. 그녀의 마음속에도 신재효에 대한 측은함과 그리움이 밀려왔단다.

신재효

진채선은 한밤중에 〈추풍감별곡〉을 구성지게 불렀어. 〈추풍감별곡〉은 좋아하는 두 남녀가 약혼했다 헤어지자 밤마다 불렀다는 노래야. 내용과 곡조가 애절하여 듣는 사람은 눈물이 절로 났어.

> 잠들어 꿈속에나 그리운 그 임 볼 수 있을까?
> 그러나 잠들려 해도 잠 못 드는 이 내 신세
> ……
> 바람에 지는 낙엽, 풀 속에 우는 벌레
> 무심히 들으면 관계할 일 없건마는
> 구곡에 맺힌 설움 어찌하면 풀어낼꼬.

얼마 뒤 진채선은 대원군에게서 허락을 받아 고향으로 내려갔단다. 그리고 신재효를 찾아가 한동안 같이 지냈지. 그러나 많은 사람들 앞에서 소리를 하지는 않았어. 운현궁에서 나왔다 하더라도 함부로 모습을 드러낼 수는 없는 처지였거든. 그것은 궁녀가 궁 밖으로 나오면 시집도 갈 수 없고 사람들과 접촉을 피하는 것과 같은 이유였어.

1884년, 신재효가 세상을 떠나자 채선은 그의 삼년상을 지낸 뒤 자취를 감추고 말았어. 만약에 대원군과 인연이 닿지 않았다면 그녀는 어떻게 살았을까?

진채선은 무당의 딸에서 기생으로 그리고 당대 최초의 여성 명창으로 살았어. 그것은 그녀의 도전 정신과 자신의 꿈을 이루려는 열정이 낳은 결과였어. 아울러 진채선이 등장함으로써 많은 여성들이 판소리에 뛰어들어 활동하게 되었단다.

일본의 칼에 쓰러진 비운의 국모
명성황후 (1851~1895)

위태로운 나라를 지키려 한 조선의 국모, 명성황후. 부모를 일찍 여의고 열여섯 살에 왕비가 된 그녀는 대원군과 맞서며 고종과 함께 개화 정책을 펼쳤단다. 조선을 침략한 일본에 대항하여 외국의 힘을 빌려 강대국들 틈에서 위태로운 조선을 구하려고 했어. 그러나 일본은 그녀를 걸림돌이라고 여겼단다. 결국 그녀는 일본의 자객들에게 처참하게 죽자 조선 팔도에서 들고일어나 의병을 일으켰단다.

대원군을 몰아내고, 개화 정책을 펴다

명성황후 민씨는 1851년에 경기도 여주에서 민치록의 딸로 태어났단다. 그러나 일찍 부모를 여의어 고아였고, 다만 아버지의 양자로 들어온 오라비가 있었어. 그는 흥선대원군의 부인 민씨의 친정동생이었어.

대원군은 안동 김씨가 몇 십 년 동안 권력을 휘두르는 것을 보고 고종의 배필로 그녀를 골랐어. 친정이 없다는 것이 가장 큰 이유였지.

그녀는 대궐로 들어온 뒤 몇 년 동안 가시방석에 앉은 기분이었어. 고종은 이미 후궁 이씨 사이에 완화군이 있었고 정도 깊었거든. 왕실의 안녕을 위해 손자를 기다리던 대원군은 완화군을 대놓고 귀여워하며 세자로 책봉하려 했어. 그러니 그녀는 자기 처지가 위태롭게 느꼈단다.

혼인한 지 5년이 지나도록 자식이 없는데다 고종은 명성황후에게 발걸

음이 뜸했대. 그녀는 긴긴 밤을 눈물로 지새우는 대신 역사책을 읽으며 공부했어. 그리고 조선의 앞날을 고민했단다.

얼마 뒤 명성황후는 첫 왕자를 낳았는데 5일 만에 죽고 말았대. 그녀는 창자가 끊어지듯 애통해했지.

한편 대원군은 왕실의 권위를 위해 경복궁 중건 사업을 펼치면서 물가가 엄청 오르고 3년에 이르는 긴 공사로 백성들의 원망이 높았어. 그런데 대원군은 고종이 스무 살이 되었는데도 권력을 내놓으려 하지 않았단다.

명성황후가 고종에게 말했어.

"이제 성년이 되셨으니 나랏일을 직접 돌보아야 하지 않겠습니까? 언제까지 아버님께 이 나라를 맡기시려 하는지요?"

"중전의 말씀이 옳기는 하지만 그렇다고 내가 어찌할 수는 없는 일 아

고종이 명성황후를 위해 지은 향원정

니겠습니까?"

"이제라도 마음을 굳게 가지시고 이 나라를 다스려야 합니다. 지금 나라 안팎의 사정을 보면 저마다 조선을 넘보고 있으니 걱정되옵니다. 그런데도 아버님께서는 나라 문을 굳게 잠그고 무조건 배척만 하니 어찌 문물이 발전하겠는지요? 아버님이 곳곳에 세운 척화비처럼 말이에요."

그러나 고종은 아버지인 대원군에게 맞설 엄두가 나지 않았어. 그래서 명성황후는 대원군에 반대하는 세력을 모았지. 대원군이 전국에 있는 서원을 없애 불만을 높았던 유생들도 명성황후를 따랐단다. 그 대표적인 인물이 최익현으로, 그는 법도를 따지며 대원군이 물러나야 한다는 상소를 올렸어. 고종은 즉각 그 상소를 받아들였단다. 그러니 대원군도 더 이상 그 자리에 있을 명분이 없어 권력을 내놓았지.

고종은 명성황후에 대해 이렇게 높이 평가했어.

"타고난 뛰어난 지혜와 의리로 어려울 때 나를 살뜰히 도와주었고, 특히 외국과 교섭하는 문제에서 황후가 권고한 정책은 외국 사람들도 마음속으로 복종할 정도였다."

대원군이 물러나자 고종과 명성황후는 개화 정책을 펼쳤단다. 나라의

척화비
고종 때 대원군이 전국 곳곳에 세운 비로, 비문은 서양 오랑캐에 대한 경계심을 담고 있어.

문을 열고 외국 문물을 받아들인 거야.

대원군에게 다시 정권을 넘겨주다

1876년, 그녀는 신사유람단을 조직하여 일본의 정치, 경제, 문화 등 각 부문을 시찰하게 했어. 그리고 1881년에는 신식 무기의 제조 및 사용법을 배우기 위해 청나라에 유학생을 보냈단다.

신식 군대도 만들었어. 그러자 신식 군대와 구식 군대는 서로 으르렁거렸어. 신식 군대의 대우가 더 좋았기 때문이지. 그 결과 1882년에 임오군란이 터졌어.

그날은 구식 군대의 군인들에게 봉급으로 곡식을 지급하는 날이었어. 누군가 큰 소리로 말했어.

"월급도 13개월이나 밀렸다가 겨우 한 달 분만 준다고 하니 이게 말이

신식 군대인 별기군

됩니까?"

"누가 아니랍니까? 그 별기군인지 뭔지 하는 신식 군인들에게는 우리들보다 월급도 많이 주고 밀리지도 않는답니다."

그때 다른 사람이 분통을 터트리며 외쳤어.

"그런데 이 쌀가마니 안에 뭐가 들어 있는 거야? 이거, 모래와 돌 아니야?"

"어디 봅시다. 세상에 이럴 수가 있소? 아주 반은 모래구만. 우리 이럴 게 아니라 선혜청에 가서 따집시다."

선혜청이란 요즘으로 친다면 국가의 물자를 비축하고 관리하는 조달청과 비슷한 기관이란다. 구식 군인들은 선혜청으로 가서 어떻게 된 영문인이 따졌지. 그런데 관리들은 그들의 호소를 들어주기는커녕 오히려 주동자를 잡아들였어.

임오군란 당시 격전지의 모습

이 소식이 삽시간에 구식 군인들 사이에 퍼지자 모두들 흥분하여 한 자리에 모였어.

"더 이상 참을 수 없습니다. 대궐로 가서 우리 사정을 이야기합시다."

"이게 다 왕비 탓 아닙니까? 그리고 그 일본 놈들이 신식 군대를 만들었으니 그리로 쳐들어갑시다."

흥분한 구식 군인들은 일본 공사관을 습격하고 명성황후를 잡으러 대궐로 뛰어들었어. 그리고 그들 중 일부는 대원군을 찾아가 하소연했지.

고종은 사태를 가라앉힐 방법이 없자 대원군에게 정권을 넘겼어.

나라 안팎으로 거센 바람은 일고

명성황후는 간신히 대궐을 빠져나와 충주로 피신했고, 대원군은 명성황후가 난리중에 죽었다며 왕실의 장례를 널리 알렸지. 명성황후는 몰래 고종에게 편지를 써 보냈어.

"곧 일본군이 옵니다. 조선으로 쳐들어올 것입니다. 일본은 분명 임오군란 때 죽은 일본 군인들과 습격당한 일본 공사관의 처리를 묻겠다며 군대를 보내올 것입니다. 전하, 지금의 우리로서는 일본군을 막아 낼 힘이 없사옵니다. 얼

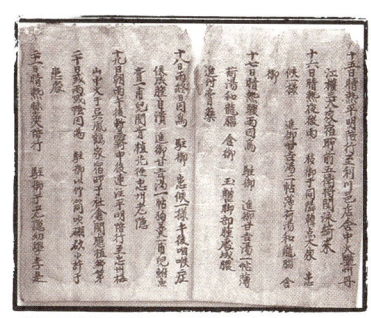

임오군란 당시 명성황후의 행적을 적은 《임오유월일기》

른 청나라에 도움을 청하세요. 일본이 조선에 일방적으로 힘을 쓰는 일이 없도록 막아야 합니다."

청나라는 조선으로 들어와 대원군을 납치하여 톈진으로 데려가 가두었어.

50일 만에 명성황후는 대궐로 돌아오고, 민씨 집안의 친척을 바람막이로 삼아 세력을 키웠어. 또한 금강산과 계룡산에 쌀과 돈, 베 등을 가져다 제사를 지내는데, 그 규모와 비용이 엄청났대. 물론 나라와 왕실의 안녕을 위해서였을 거야. 하지만 제사에 사용한 경비가 지나치게 많아 왕실의 재정이 바닥날 정도였어. 뿐만 아니라 민씨 집안의 친척들은 지방의 벼슬자리를 돈으로 사고팔았어. 그러니 부패한 관리들은 백성의 피를 짜내기에 바빴단다. 옛날부터 유능한 임금은 왕비의 친정 세력을 멀리했는데, 이런 문제 때문이었대.

갑신정변이 일어난 우정국

1884년, 김옥균을 비롯한 개화파들은 점점 강해지는 친청 세력을 몰아낼 대책을 세웠어.

"이렇게 청나라 세력이 커지면 우리 조선은 언제 개화를 이룬답니까?"

"이번 거사는 우정국 개국 축하 만찬회 때 하면 좋을 것 같습니다."

우정국은 우리나라 최초의 우체국이란다. 우정국 개국 축하 잔치로 모든 사람들이 몰려 있을 때를 노린 거야.

그러나 개화파의 갑신정변은 사흘 만에 끝나고 모두들 일본으로 망명을 떠났어. 청나라의 원세개가 군대를 이끌고 들어왔기 때문이야. 원세개는 조선 국왕처럼 제멋대로 행동했어.

다음해인 1885년에는 영국 군함이 거문도를 습격하여 점령했어. 영국은 러시아가 조선과 관계를 맺는 것에 불안을 느꼈던 거야.

그러던 중에 명성황후는 러시아를 통해 청나라의 위세를 꺾으려 했어. 그러자 원세개는 대원군을 조선으로 돌려보내 고종과 명성황후를 압박했단다.

동학농민운동과 청일전쟁

이렇게 어지러운 정세 속에서 나라의 살림살이는 날이 갈수록 쪼들려 가고 지방 수령들의 부정부패는 나날이 심해졌단다. 백성들의 한숨 소리는 더욱 커져만 갔어. 나라를 원망하는 소리도 높아만 갔지.

동학농민운동 민족 기록화

특히 전라도 고부의 군수인 조병갑은 서민들에게 엄청난 세금을 계속 요구했단다. 그러자 1894년, 그동안 참았던 동학교인 전봉준을 비롯한 농민들이 봇물 터지듯 들고 일어났지. 동학은 1860년에 최제우가 세운 종교로 농민들이 많이 믿었대.

각 지방의 동학교인들과 농민들이 관군과 싸우며 서울로 향했어. 그러자 조선 팔도가 술렁였고 난리가 났다는 소문이 퍼졌어.

"남쪽에 난리가 났다면서요? 전라도의 동학교인들이 모두 뭉쳐서 지금 서울로 올라온답니다. 우리도 피난가야 하는 거 아닙니까?"

"지금 전주 가까이 올라왔다고 들었어요. 녹두장군인가 하는 사람이 아주 대단하다더군요. 관군들이 도망가기 바쁠 정도라니 그 힘이 얼마나 세겠어요?"

이렇게 시작된 동학농민운동은 1년을 끌다 녹두장군 전봉준이 체포됨으로써 끝이 났어.

하지만 이 사건은 청일전쟁을 앞당기는 불씨가 되었단다. 그리고 청일전쟁에서 청나라와 싸워 이긴 일본은 본격적으로 조선 정치에 끼어들기 시작했어. 명성황후가 예측한 것이 현실로 들어맞은 거야.

그녀는 고종에게 러시아의 베베르 공사에게 도움을 청하라고 권했어. 공사는 그 나라를 대표하여 파견되는 외교 사절을 말해.

러시아는 프랑스, 독일과 손잡고 일본을 잡아끌 듯 억눌렀어. 일본으로서는 여러 나라를 동시에 상대하기가 불가능했을 거야. 명성황후는 이때를 틈타 친러 내각을 구성했지. 일본은 영리하고 지략이 뛰어난 명성황후가 있는 한 조선을 침략하기가 힘들다고 여겼을 거야. 그래서 그들은 무서운 계략을 세웠어.

조선의 국모, 일본의 칼에 쓰러지다

1895년 10월, 광화문 왼쪽 성벽을 넘은 선발대가 경복궁 문을 열자 일본 수비대, 조선 훈련대, 일본인 자객 한 무리가 대궐로 몰려갔어. 이는 주한 일본공사인 이노우에와 미우라의 작전으로, '여우 사냥'이라는 작전명을 썼어. 그들은 곧바로 명성황후가 잠든 곳으로 달려갔지.

"민비를 잡아라! 누가 민비냐? 어디 있느냐?"

민비는 일본이 명성황후를 낮추어 부른 말이란다.

그렇게 명성황후는 잔인무도한 일본인 자객들에 의해 칼로 찔리고 시

명성황후 시해를 담당했던 일본인들
이들은 대부분 일본이 세운 신문사 한성신보에 소속되어 있었대.
이들이 사진을 찍은 곳이 한성신보 건물이야.

체는 불태워졌어. 마흔다섯 살에 꿈과 열망을 접은 채 피맺힌 죽음을 맞이한 거야. 이 사건이 바로 명성황후 시해 사건이란다.

한 나라의 국모가 자신의 궁 안에서 다른 나라 불량배들에게 죽음을 당했다는 것은 세계 역사에서도 찾아보기 힘든 일이야. 일본은 자신들의 죄를 숨기기 위해 끝까지 범인을 밝히지 않았어. 그리고 명성황후와 고종을 나쁜 쪽으로 평가하며 사실을 삐딱하게 만들었단다.

명성황후의 시해 소식은 조선 팔도에 퍼졌고, 유생들을 비롯한 온 나라 사람들의 분노는 태풍처럼 몰아쳤어. 이때 일어난 의병을 '을미의병'이라고 부른단다.

그 뒤 고종은 일본의 강압에 의해 물러나고 1919년 갑자기 숨을 거두었

고종 장례식

어. 그러자 고종이 독살 당했다는 소문이 눈 깜박할 사이에 온 세상에 퍼졌단다.

그해 3월 1일은 고종의 장례가 치러지는 날이었어. 이때 조선 천지를 뒤흔드는 만세 운동이 일어났지.

"대한 독립 만세!"

모두들 집 밖으로 뛰쳐나와 소리 높여 외쳤어. 그러나 일본의 군화와 총칼 앞에 모두들 풀잎처럼 쓰러지고 말았단다.

명성황후는 훗날의 순종에게 이렇게 가르쳤어.

"나라가 있는 것은 백성이 있기 때문이니 백성은 나라의 근본이요. 근본이 튼튼해야 나라가 강하고 안정된다."

명성황후가 태어난 곳인 경기도 여주에는 현재 그녀를 기리는 기념관이 세워져 지방 명소가 되었단다.

당시 조선에 거주하며 자주 명성황후를 만났던 언더우드 부인은 명성황후에 대해 이렇게 기록했어.

"왕후는 빠르고 민첩하고 유능한 외교관이었고, 가장 신랄한 반대자들도 항상 그녀의 기발한 지혜를 당해 낼 수가 없었다. 왕후는 자기 나라를 위한 최선의 이익에 헌신했다."

명성황후